Marcello e Spínola:
a missão do fim

Marcello e Spínola: a missão do fim

Márcio Barbosa

2011

**MARCELLO E SPÍNOLA:
A MISSAO DO FIM**

AUTOR
Márcio Barbosa

EDITOR
EDIÇÕES ALMEDINA. SA
Rua Fernandes Tomás, n.ᵒˢ 76, 78, 80
3000-167 Coimbra
Tel.: 239 851 904 • Fax: 239 851 901
www.almedina.net • editora@almedina.net

DESIGN DE CAPA
FBA.

PRÉ-IMPRESSÃO
G.C. GRÁFICA DE COIMBRA, LDA.
producao@graficadecoimbra.pt

IMPRESSÃO
PAPELMUNDE, SMG, LDA.

Abril, 2011

DEPÓSITO LEGAL
326600/11

Apesar do cuidado e rigor colocados na elaboração da presente obra, devem os diplomas legais dela constantes ser sempre objecto de confirmação com as publicações oficiais.
Toda a reprodução desta obra, por fotocópia ou outro qualquer processo, sem prévia autorização escrita do Editor, é ilícita e passível de procedimento judicial contra o infractor.

 | GRUPOALMEDINA

BIBLIOTECA NACIONAL DE PORTUGAL – CATALOGAÇÃO NA PUBLICAÇÃO

BARBOSA, Márcio

Marcello e Spínola : a missão do fim
ISBN 978-972-40-4491-0

CDU   323

Para M.ª e D.ª. Para J. C.º.
Pelo amor e união. Por tudo.

AGRADECIMENTOS

Poder beneficiar da sabedoria, orientação e amizade de uma pessoa com a estatura profissional e humana do Professor Doutor Rui C. Martins é um grato privilégio, manifesto no que este trabalho tenha de bom, que dificilmente se pode agradecer ou retribuir. Além do mais, acrescido aqui com a honra de um prefácio. Ainda assim, o meu profundo agradecimento e a esperança de uma (i)merecida e profícua continuidade.

Agradeço à Faculdade de Letras da Universidade de Coimbra, nas pessoas dos seus mestres, a quem devo a aprendizagem deste ofício, destacando com especial reconhecimento todos os membros do Instituto de História e Teoria das Ideias (docentes e não docentes), nomeadamente os Professores Doutores Fernando Catroga e Maria Manuela Tavares Ribeiro, referências insubstituíveis na minha formação, a quem muito devo, e que, espero, o possam continuar a ser. Uma palavra também para as Bibliotecas Central (FLUC) e Geral (UC), Centro de Documentação 25 de Abril, CEIS XX e respectivos profissionais.

Agradeço aos meus colegas de licenciatura e de mestrado (História Contemporânea, FLUC – 2005-2008), pela aprendizagem e reciprocidade. Não pretendo ser injusto, pelo que eles sabem quem são! Agradeço à Joana Brites, pelas dicas, conselhos e amizade; ao Ricardo J. David Marques e à Fátima David, pela ajuda, amizade e partilha constantes; aos meus pais, que possibilitaram o meu ingresso no ensino superior e que não me faltassem condições nos primeiros passos deste caminho; à minha esposa e filhota, a quem dedico este livro, pela compreensão e paciência; ao meu irmão Fábio; a todos os meus amigos e quantos, de alguma forma, contribuíram para este resultado.

Por fim, mas não no fim, todas as palavras para a única pessoa que afirma: *"eis que faço novas todas as coisas"*. Inspiração e suporte permanente. O único que poderá, justamente, ser chamado de Único.

PREFÁCIO

Este é um trabalho com inegável marca de qualidade. Márcio Barbosa delineou um projecto de risco; é notório que ganhou a aposta. Basicamente, optou por não se esconder atrás do seu objecto de estudo. Preferiu, ao invés, assumir o lugar autoral que é o seu – esse lugar que justamente confere ao historiador uma responsabilidade em tudo distinta da dos personagens que ele estuda – e avançar com uma reflexão inédita sobre temáticas manifestamente carentes de investigação, ainda quando a rotina historiográfica parece indicar o contrário.

Em bom rigor, o leitor desta obra deparar-se-á não com uma temática, mas com várias. Ou, para o dizer com a máxima precisão, deparar-se-á com uma temática cujo cerne só é alcançável pela conjugação dos vários eixos problemáticos que a constituem. Marcelismo, spinolismo, fim do regime e estertor da lógica imperial portuguesa surgem como outras tantas linhas de pesquisa que o autor vai explorando, ora de modo autónomo, ora a partir da respectiva inter-influência. Pode por isso dizer-se, sem risco, que este é um estudo sobre o período do governo marcelista, mas que, sendo-o, aí se busca uma compreensão da conjuntura de 1968-1974 a partir da respectiva historicidade, quer dizer, tomando-a como um momento onde desaguam e são trabalhadas pelos actores históricos uma série de tendências, tão depressa tangentes quanto dispersas, mas cujo esboço se detecta desde décadas anteriores, às quais, por isso mesmo, a investigação deve forçosamente aceder. É, aliás, na base desta estratégia que o autor logra responder à sua manifesta preocupação de escapar a interpretações pré-estabelecidas. Uma medida cautelar da máxima importância: porque, ao fazê-lo, inscreve a sua pesquisa na única via capaz de resistir ao facilitismo do julgamento retrospectivo que inunda a produção historiográfica sobre o marcelismo e que se expressa, por norma, na caracterização deste à luz do carácter mais ou menos falhado de algo que poderia ter sido e não foi ou que deveria ter sido e não foi capaz de ser. A reflexão historiográfica agradece este deslocamento de perspectiva.

É, por certo, no quadro desta opção por uma análise mais atenta aos trajectos concretos dos personagens do que àquilo que retrospectivamente se poderia esperar deles, que se explica o fundo trágico em que a reflexão se projecta e para o qual o subtítulo *a missão do fim* claramente remete. Aparentemente, é mesmo esta eleição do trágico como elemento estruturante do horizonte tardio do estado-novismo que permite ao autor a detecção de encontros inesperados ali onde o inquérito mais distraído se concentraria prioritária ou exclusivamente nos óbvios elementos de clivagem. Deste ponto de vista, a sensação com que se fica é a de que um "abraço fatal" une, numa mesma circunstancialidade, actores históricos que a variadíssimos títulos e, desde logo, à luz do seu tempo, surgem como polaridades alternativas e até em comprovada rota de colisão. Como se, de certa forma, Marcelo, Spínola e Amílcar Cabral se entreguem, cada um de per si mas, fatalmente, também em conjunto, à inevitabilidade de resolver Salazar.

À valência do inedetismo da abordagem devem somar-se a abrangência documental da pesquisa e, com maior importância ainda, o cuidado posto na leitura crítica dessa documentação. Condições, em suma, que atestam o contributo de Márcio Barbosa para a renovação dos estudos históricos sobre o Portugal contemporâneo, no âmbito dos quais este *Marcelo e Spínola: a missão do fim* passa a ocupar, de pleno direito, um lugar referencial. Trata-se, como é óbvio, de leitura incontornável para quem quer que se dedique às temáticas em causa. E, porque conheço o autor e não tenho grandes dúvidas quanto ao seu imenso potencial, antevejo já, neste trabalho, o embrião de futuras publicações de ainda maior fôlego. Se assim for, cá estaremos, eu e os leitores, para as receber com o devido entusiasmo. São expectativas que este livro francamente autoriza.

Professor Doutor Rui Cunha Martins
Universidade de Coimbra

INTRODUÇÃO

O governo de Marcello Caetano (1968-1974) carece, efectivamente, de estudos de fundo[1]. A principal circunstância, que, apesar de óbvia, deve ser referida, é a proximidade histórica/cronológica do período em causa. Como é por demais sabido, pela carga subjectiva e potencial polemista, este constitui um dos maiores obstáculos à investigação historiográfica. No entanto, assume-se aqui que o desfasamento (a diversos níveis, nomeadamente ao nível temporal) entre o consulado salazarista e o consulado marcelista, não justifica, por si só, o défice historiográfico sobre o segundo. Tanto mais que este défice é exponencialmente compensado por referências superficiais ao seu nome, que o tempo se encarregou de consubstanciar em conceitos adquiridos. Marcello Caetano afigura-se já indissociável de expressões impregnadas de simbolismo, destacando-se especialmente a "Primavera marcelista". Que, pela *intencionalidade* que encerra, quase reduz a questão central do período em causa – o que foi o marcelismo? – à simples confirmação de ter sido ou não uma "Primavera" política.

Decorrente desta, duas interpretações polarizam os estudos realizados sobre o marcelismo ou estudos abrangentes sobre o Estado Novo que o englobam enquanto período final deste último. A primeira pode resumir-se no seguinte: o marcelismo foi, essencialmente, um "*salazarismo sem Salazar*", porque, verdadeiramente, nada mudou, exceptuando os nomes (do homem e das instituições). A segunda é uma projecção ou extensão historiográfica da "expectativa" que caracterizou a vida pública portuguesa nos meses que entremearam a queda de Salazar e o primeiro semestre a um ano de governo caetanista, que pode sintetizar-se no conhecido título de uma das mais importantes obras sobre o período em causa: "A Transição Falhada". O marcelismo, segundo esta linha interpretativa, foi uma tentativa tardia

---

[1] "O «marcelismo» tem sido, por circunstâncias óbvias, menos estudado pela historiografia." Em TORGAL, Luís Reis, *Estados Novos Estado Novo*, Imprensa da Universidade, Coimbra, 2009, p. 616.

de reforma interna do regime, uma tentativa de "democratização" ou "transição anti-revolucionária" (frustrada) para um regime democrático.

Porém, na perspectiva que aqui se assume, considera-se como elemento fragilizador e questionável o facto de ambas as interpretações ou paradigmas interpretativos do marcelismo serem excessivamente definidos em função quer do salazarismo, no primeiro caso, quer da democracia instaurada depois do "25 de Abril", no outro. Como, em termos globais, é considerado, de forma pouco fundamentada, um período de "transição". Termo que, de modo algum, deve ser confundido com intermediação.

O primeiro objectivo central deste estudo consiste, precisamente, em procurar desvincular o governo marcelista de interpretações pré-estabelecidas. Isto porque se considera que estas se encontram também elas desvinculadas duma perspectiva que norteia este trabalho de investigação historiográfica e se considera imprescindível: a perspectiva (obrigatória e necessariamente crítica) *interior* ou a partir do próprio objecto de estudo. Neste caso, estudar o marcelismo a partir duma análise profunda do próprio Marcello Caetano (percurso no salazarismo, pensamento, obra e discurso político), privilegiando-se a leitura exaustiva (também esta obrigatória e necessariamente crítica) das fontes *primárias*, chamemos-lhe assim. Ou seja, os textos (académico-políticos) do objecto de estudo – Marcello Caetano –, sobretudo os produzidos no período central deste trabalho – 1968-1974.

Pretende-se assim, reportando-se já ao segundo objectivo, contribuir para o conhecimento do que *foi* efectivamente o marcelismo e não o que ele *não foi* ou *poderia ter sido e não conseguiu ser*. Demarcação tanto mais pertinente porquanto se pretende analisar o que o marcelismo manifestamente *assumiu ser* e *conseguiu ser*. Propósito que abarca uma dimensão psicológica, quase espiritual, imanente em todo o trabalho e transversal aos dois objectos de estudo indicados no título.

O terceiro objectivo envolve directamente o segundo objecto de estudo – António de Spínola –, que, embora secundário (por estar praticamente ausente nos dois primeiros capítulos, dedicados à evolução da relação de Marcello Caetano com Salazar e o salazarismo, fundamental para uma compreensão em profundidade do marcelismo), co-protagoniza o título. Pretende-se explorar a relação de influência entre o marcelismo, o spinolismo (enquanto expressão de uma linha militar crítica do regime e da sua condução da Guerra) e o fim do regime inaugurado na Constituição de 1933 e, por inerência, do secular império português e das então designadas Províncias Ultramarinas. Não foi meramente simbólica a entrega do poder (em todo o caso virtual) por parte de Caetano a Spínola, no Quartel do Carmo, no dia 25 de Abril de 1974. Este acontecimento foi o culminar de dois caminhos divergentes que, a partir de 1968, se cruzaram na partilha das mais graves responsabilidades políticas e marcaram, definitiva e (in)voluntariamente, o processo histórico português *finis*-imperial e, por consequência, pré-democrático.

Campo de análise que se afigura incompleto, em função dos objectivos definidos, principalmente este último, sem a figura mais determinante do(s) movimento(s) independentista(s) na África portuguesa: Amílcar Cabral. Figura, aliás, sistematicamente marginalizada ou insuficientemente estudada nos trabalhos sobre o marcelismo. Tendo em conta que a Guerra foi o fenómeno capital do período final de vigência da Constituição de 1933, pretende-se reposicionar o papel de Amílcar Cabral neste período e em relação aos dois objectos de estudo centrais neste trabalho.

Tendo em conta que esta obra resulta da nossa dissertação de Mestrado em História Contemporânea, apresentada na Faculdade de Letras da Universidade de Coimbra sob orientação do Professor Doutor Rui Cunha Martins, impõem-se, do ponto de vista metodológico, dois esclarecimentos. O primeiro diz respeito à organização estrutural do trabalho. Optou-se por seguir uma orientação cronologicamente coerente, mas não estática, imprescindível para a consistência argumentativa do trabalho historiográfico, que, por sua vez, se procurou submeter a uma lógica de consequencialidade. O equilíbrio estrutural expresso no índice não é uma imposição apriorística formal e artificial. Pelo contrário, foi-se definindo com o primeiro contacto com a bibliografia e a documentação (impressa e não impressa).

O segundo esclarecimento prende-se com o título. O marcelismo e o spinolismo (como, talvez, o próprio movimento liderado por Amílcar Cabral) mobilizaram-se sob o signo imaterial de *missão* (a presença do termo em ambos os discursos é recorrente), que por sua vez remete para a existência de um *fim*. Por outro lado, num plano concreto, ambos desembocaram no *fim* do regime e do Conceito Estratégico Nacional (CEN) que serviram e influenciaram. A conjugação destes dois aspectos explica, pelo menos em parte, a dimensão *trágica* ou *dramática* que comummente se associa ao marcelismo e que, de uma forma quase subliminar, acompanha o desenvolvimento do trabalho.

I CAPÍTULO
NA SOMBRA DO PODER

1.1. Ditadura, situação, salazarismo e Estado Novo

Em 27 de Abril de 1928 tem lugar, ainda que não formalmente, o fim da Ditadura Militar iniciada com o golpe de 28 de Maio de 1926.

O facto de um civil, professor catedrático da Faculdade de Direito da Universidade de Coimbra (FDUC), assumir a pasta das finanças com a "certeza [...] de que estavam asseguradas as condições dum trabalho eficiente"[2], que se traduziram num controle absoluto das contas e, por inerência, da política do governo, justificaria por si só a afirmação.

No mesmo discurso de tomada de posse, Salazar simultaneamente liquida as dúvidas quanto ao términos da interinidade (de liderança) militar e define o novo registo político para o país: "Sei muito bem o que quero e para onde vou, mas não se me exija que chegue ao fim em poucos meses. No mais, que o País estude, represente, reclame, discuta, mas que obedeça quando se chegar

---

[2] SALAZAR, António de Oliveira, *Discursos*, 1º volume 1928-1934, Coimbra Editora, Coimbra, quinta edição, revista, 1961 vol.1, pp. 3 e 4.
As condições impostas por Salazar podem resumir-se nos seguintes quatro pontos:
a) *Que cada Ministério de comprometa a limitar e a organizar os seus serviços dentro da verba global que lhes seja atribuída pelo Ministério das Finanças;*
b) *Que as medidas tomadas pelos vários Ministérios, com repercussão directa nas receitas ou despesas do Estado, serão previamente discutidas e ajustadas com o Ministério das Finanças;*
c) *Que o Ministério das Finanças pode opor o seu veto a todos os aumentos de despesa corrente ou ordinária, e às despesas de fomento para que se não realizem as operações de crédito indispensáveis;*
d) *Que o Ministério das Finanças se compromete a colaborar com os diferentes ministérios nas medidas relativas a reduções d despesas ou arrecadação de receitas, para que se possam organizar, tanto quanto possível, segundo critérios uniformes.*

à altura de mandar"³. Tinha efectivamente chegado a altura de mandar e não chegou ao fim em poucos meses.

O próprio Salazar se encarregou de apelidar a nova fase: "situação". Esta caracterizava-se, no essencial, pelo protectorado das Forças Armadas (FA), que constituíam o suporte e a frente avançada ou imagem da "situação", na figura referencial do Marechal Carmona, permitindo ao lente de Coimbra o "apoio necessário à obra que todos desejam ver realizada"⁴. A recuperação das finanças públicas e o reequilíbrio orçamental no curto espaço de um ano seriam o primeiro acto dessa obra. Senão por todos desejada, a todos categoricamente imposta.

A partir do sucesso da política financeira salazarista, que confirmava o arrojo e intencionalidade do discurso da tomada de posse, a "situação" evoluiu rápida e progressivamente. Os militares renderam-se às contas apresentadas pelo professor e este, explorando o espaço que paulatinamente ganhava, prossegue a libertação do "técnico"⁵ que aqueles pretendiam que apenas fosse (ou, pelo menos, na qualidade em que o foram convidar a Coimbra) para assumir o papel de líder político da "situação". As sucessivas homenagens públicas, em que tanto se comprazeria⁶, vão contribuindo, concomitantemente, para afirmar o poder pessoal de Salazar e para, com uma naturalidade inquietante, esvaziar ou neutralizar as diferentes correntes ou grupos políticos (monárquicos, republicanos e integralistas, só para citar os mais influentes).

Nas *Minhas Memórias de Salazar*, Caetano, num primeiro desabafo de enciumada admiração, confessa: "quanto mais penso na maneira como Salazar se impôs ao País, mais me impressiona a singularidade do caso."⁷ Mais á frente, rematando o capítulo, refere-se-lhe como esse "homem estranho", que sem agradar conquistava o poder. A "situação" e a sua "figura de proa"⁸ pareciam existir um em função do outro. A imagem de estabilidade, eficiência e credibilidade que oferecia, após quase duas décadas de imagem contrária, chegava para reunir a suficiente unanimidade para continuar e para dissimular, no imediato, a

---

³ *Idem*, pp. 4, 5 e 6.
⁴ *Idem*, p. 10.
⁵ Citação (cit.) em CAETANO, Marcello, *Minhas Memórias de Salazar*, Verbo, Lisboa, 1977, pp. 32-33.
⁶ A título ilustrativo, logo após a tomada de posse, em 9 de Junho, no Quartel-General de Lisboa, agradece aos oficiais presentes, representantes de diversas unidades do país, "o apoio necessário". Em 21 de Outubro de 1929, Salazar *agradece*, na sala do conselho de Estado, a homenagem prestada pelas Câmaras Municipais do país, comissões administrativas dos municípios e de todo o governo, proferindo então o discurso em que define a política a seguir: "Política de Verdade, Política de Sacrifício e Política Nacional".
⁷ CAETANO, Marcello, *idem*, pp. 40-42.
⁸ *Idem*, p. 43.

ausência de sistema político. A ambiguidade, que extravasa do próprio termo, constituía o terreno propício para o germinar do particularismo salazarista.

Pese embora a preponderância das circunstâncias históricas e da conjuntura política europeia, tendente a singularidades (especialmente de extrema-direita ou conservadoras), a chave da "situação" residia nesse "homem estranho", que soube percepcionar a oportunidade histórica e conseguiu, habilmente, controlá-la.

De origem modesta, factor fundamental num país socialmente bipolar (a tradicional distinção entre ricos e pobres) para o processo de mistificação mais tarde impulsionado por António Ferro[9], "subiu na vida a pulso", segundo a expressão de Marcello para também se referir a ele próprio, patrocinado pela Igreja Católica. Estudou gratuitamente no seminário de Viseu, retribuindo com a promessa informal de que seria sacerdote. Desistiria, contudo, no último instante. Segundo Salazar, sendo "pobre, filho de pobres, devo àquela casa grande parte da minha educação [...], que me sustentaram quase gratuitamente durante tantos anos, e a quem devo, além do mais, a minha formação e disciplina social."[10] Este último aspecto seria absolutamente determinante.

Desde ex-ministros de Salazar, como Adriano Moreira[11], a historiadores da geração pós-25 de Abril, como José Freire Antunes[12], salientaram a preponderância da formação católica sobre as possíveis influências políticas. Salazar autenticou à priori a análise quando se assumiu como "um católico sem compromissos políticos"[13]. O seu percurso confirma-o. Depois do seminário em Viseu, seguiu-se em Coimbra a militância no Centro Académico de Democracia Cristã (CADC). Foi um dos fundadores do Centro Católico Português (CCP), com sede em Braga. Em plena pujança do laicismo anticlerical da República Velha, define, em 1914, três ideias aparentemente estruturantes do seu pensamento mas que, uma nunca abandonaria, outras nunca confirmaria: as formas de governo tinham uma "importância secundária", a democracia era uma realidade "perfeitamente conciliável com o catolicismo", a estratégia dos católicos em Portugal deveria ser a de "influir" sobre a democracia nos termos sugeridos por Alexis de Tocqueville: "instruí-la, regular-lhe os movimentos e adaptar o seu governo às épocas e aos lugares".[14]

---

[9] FERRO, António, *Salazar. O homem e a sua obra*, Lisboa, Emprêsa Nacional de Publicidade, 3ª Edição, s. d.
[10] SALAZAR, António de Oliveira, *A Minha Resposta*, p. 13.
[11] MOREIRA, Adriano, *Notas do Tempo Perdido*, Instituto Superior de Ciências Sociais e Políticas, Lisboa, 2005.
[12] ANTUNES, José Freire, *Salazar Caetano: cartas secretas 1932-1968*, Círculo de Leitores, Lisboa, 1993.
[13] Cit. em ANTUNES, José Freire, *idem*, p. 12.
[14] SALAZAR, António de Oliveira, *A Minha Resposta*, pp. 18-19. Cit. em ANTUNES, José Freire, *idem*.

O Papa Leão XIII foi a referência doutrinária. As suas encíclicas, com destaque para a *Rerum Novarum*, marcariam toda a geração de Salazar e inaugurariam a chamada Doutrina Social da Igreja Católica, com profunda influência na formação do corporativismo e da democracia cristã europeia.

Imune às influências políticas, Salazar também se encarregou de remeter o "seu grupo", o movimento católico português, para o seu restrito campo de acção, numa "estratégia de subalternização do problema do regime e de autonomização do movimento católico português tutelada pelo Vaticano"[15].

Para além de "estranho", Salazar tornou-se um homem isolado[16] e "nos primeiros anos de governo, impunha-se pela superioridade intelectual aos que se aproximavam dele: mas não era simpático."[17] Procurava legitimar-se pelos resultados e, porque de facto estes surgiam, essa era a sua força. Quando questionado sobre a possibilidade da perda de "apoios", manifestava uma das suas principais características e que mais determinaria o seu exercício do poder: o horror a dependências de terceiros. Este ficou bem latente por ocasião da primeira tentativa (consumada) de controlo da imprensa por parte do Estado. A acreditar na fidelidade da reprodução de Marcello Caetano sobre a conversa tida entre os dois, em pleno conflito de Salazar com a imprensa, este terá respondido à observação de Marcello de que "arriscar-se-ia a perder apoios preciosos, uns atrás dos outros...", o seguinte: "estou farto desse jogo de uns senhores que andam a fingir de importantes e representativos e que, com ar solene, hoje dão apoio, amanhã tiram apoio, depois condicionam a restituição do apoio... Monárquicos, repúblicanos, católicos. Interesses econômicos, passam a vida nisso... Que me importa o que eles dizem? Eu vivo bem sem esses apoios."[18] Pelo menos enquanto Carmona fosse vivo.

Este homem "estranho", "isolado", que "sabe o que quer e para onde vai" e que "vive bem sem esses apoios" permaneceria, neste aspecto, inalterável ao longo do seu consulado. Em 1958, no rescaldo do "furacão delgadista" e consequente purga interna, Salazar, antes de convidar Caetano a abandonar o governo, profere nova frase lapidar: "Por mim estou à vontade: não sou amigo de ninguém. [...] Não posso ter amigos. Não sou amigo de ninguém!". Caetano sintetiza nas suas Memórias, num mesmo pensamento, o homem e o político, que o próprio diluiu com o passar dos anos: "naquele homem a Política tinha-

---

[15] ANTUNES, José Freire, *idem*, p. 13.
[16] "Esse isolamento era das suas maiores forças e também o seu procedimento mais irritante". CAETANO, Marcello, *idem*, p. 36. Mais a frente, citando Salazar, escreve: "só sou capaz de me ocupar de um assunto de cada vez e esse terá a sua altura; espere por favor."
[17] CAETANO, Marcello, *idem*.
[18] CAETANO, Marcello, *idem*, p. 53.

-se constituído em missão. Entrara na Política como podia ter ingressado numa Ordem Religiosa austera."[19]

O exercício autoritário, centralizado e administrativo do poder, a sua predestinada missão histórica, anunciada pelo próprio quando terá afirmado que sentia que a sua vocação era "a de ser primeiro-ministro de um rei absoluto", foi denunciada pelo padre Mateo Crawley-Boeevey, que convivera estreitamente com Salazar na República dos Grilos e foi uma pessoa muito influente na Igreja Católica portuguesa durante a Primeira República: "a mim não me enganas. Por detrás desta frieza, há uma ambição insaciável. És um vulcão de ambições."[20]

Em 1930, no dia 28 de Maio, quando se comemorava o quarto aniversário da "Revolução" de 1926, Salazar presta contas da actuação do governo no cumprimento do programa e da chamada "Ditadura Administrativa e Revolução Política", perante oficias do Exército e da Armada, na mesma Sala do Risco onde tomara posse como ministro das finanças. Acumula interinamente o Ministério das Colónias com o propósito de publicar a primeira obra legislativa à sua imagem e semelhança: o Acto Colonial (AC). Neste institui definitiva e oficialmente o Império Colonial Português e reestrutura a organização ultramarina.

A "situação" metamorfoseara-se em salazarismo. As condições que exigira dois anos antes para ingressar no governo não só se cumpriram, como se ampliaram. De tal forma que, na crise ministerial verificada nesse ano de 1930, é já Salazar "quem praticamente a resolve, colocando na presidência do Ministério pessoa da sua escolha e confiança: o General Domingos de Oliveira." O homem que não precisava de apoios interpretava a evidência de que o imenso espaço livre deixado com o desaparecimento dos partidos políticos constituía uma oportunidade para a criação de "uma congregação de homens de boa vontade em torno do interesse nacional."[21] Traduzindo: congregação dos salazaristas em torno do seu "chefe". Nasce a União Nacional (UN), cujo programa é apresentado pelo então presidente do Conselho, no dia 30 de Julho de 1930.

O "Manifesto da União Nacional" é um primeiro esboço e teste público à futura constituição, em que já começara a trabalhar. Neste surgem definidos princípios basilares do salazarismo, tais como: "Portugal é um Estado unitário e indivisível"; "O Estado é social e corporativo"; "é norma absoluta que sejam e estejam adstritos aos objectivos gerais, históricos e humanos da Nação Portuguesa os direitos, interesses e actividades das existências individuais e colectivas que dela são componentes"; "o Estado é o centro de propulsão, coordenação

---

[19] CAETANO, Marcello, *idem*, p. 580.
[20] Cit. em NOGUEIRA, Franco, *Salazar: a mocidade e os princípios (1889-1928)*, volume I, 2ª edição, Civilização Editora, Porto, 1985, pp. 169 e 330.
[21] CAETANO, Marcello, *idem*, p. 43.

e fiscalização de todas as actividades nacionais"; "os princípios primaciais do Acto Colonial são uma das garantias da reorganização de Portugal."[22]

Enquanto alimentava a indispensável doutrinação da ditadura, através de discursos repletos de intencionalidade, como o pronunciado aquando da apresentação pública[23] da UN, onde confirmou e explicitou o Manifesto, comentava a crise política geral e reforçava o AC, Salazar remetia calmamente os militares para os quartéis, ao submetê-los, igualmente, à sua doutrinação maciça da "Nação Portuguesa". O assalto à Presidência do Conselho de Ministros (PCM) estava próximo e convinha preparar antecipadamente os militares para o facto de o civil lente de Coimbra assumir também, formalmente, aquele cargo.

A fechar o ano de 1930, em 30 de Dezembro, por ocasião duma condecoração ao governador militar, brigadeiro Daniel de Sousa, avançou Salazar: "entreter-vos-ei uns minutos em simples palestra, sobre vós próprios, digo, sobre a função, o ideal e as virtudes militares, Valor, Lealdade, Patriotismo". E, de facto, foi uma sessão de esclarecedor entretenimento. Prosseguindo, disse: "Que ideia faremos da função militar? Ela é, simplesmente, a actuação da força organizada para a defesa do agregado social e para a realização da justiça." (Realce-se a notável subtileza do advérbio de modo) Para concluir a sua lição sobre a função militar, afirmou que esta "não se trata de ganhar a vida, mas de desempenhar altas missões sociais."[24]

Impregnado de intencionalidade política, Salazar demandava, em discursos análogos, a aceitação (ou imposição) pública do seu poder pessoal (o "chefe predestinado"), enquanto missão histórica ("sacrifício pessoal" de um "génio") que todos deviam "simplesmente" acatar. Para isso, não se inibia de atribuir as (restritas) missões a cada grupo da Nação. Incluindo os militares.

O objectivo da delicada marcha de Salazar sobre S. Bento estava prestes a concretizar-se. Os resultados confirmavam a capacidade do professor. O orçamento para 1930-1931 afastou a sombra da crónica crise portuguesa. O que significava que os chavões políticos, como "Previsão, Rigidez, Honestidade", tinham afinal substância e contribuíam para a credibilização do salazarismo.

A UN iniciou funções, na prática, em 17 de Maio de 1931, com a primeira de uma saga de grandes manifestações (mais tarde conhecidas por "espontâneas"). Salazar aproveitou a oportunidade e mediu o pulso à Nação, na esperança de que esta estivesse preparada para o incontestar:

---

[22] Manifesto da União Nacional, artigo 5º.
[23] "Princípios Fundamentais da Revolução Política", em SALAZAR, António de Oliveira, *Discursos*, vol.1, 1928-1934.
[24] SALAZAR, António de Oliveira, *idem*, pp. 100, 102 e 105.

"Das profundezas da alma da Pátria surgiu então o anseio duma disciplina que a todos se impusesse, duma autoridade que a todos conduzisse, duma bandeira que todos pudéssemos seguir – ditadura nacional, governo nacional, política nacional.
Essa foi a promessa, e hei-de crer que tal tem sido a realização. Sacrificarei tudo quanto hoje pudesse dizer-vos a fazer ressaltar em poucas palavras este traço da obra governativa."[25]

A Nação deu sinal positivo às suas aspirações. Nas comemorações do sexto aniversário do 28 de Maio, em 1932, promovidas por subscrição entre a oficialidade das FA, foram-lhe atribuídas as insígnias da Grã-Cruz da Ordem Militar da Torre e Espada, "que entre nós tradicionalmente quer dizer – Valor, Lealdade e Mérito, e que será porventura rara fora dos que se consagram à vida militar", segundo palavras do condecorado[26]. Ao abrigo dos estatutos da Ordem, aqueles que recebessem a Grã-Cruz gozariam honras de General. Consumava-se a inevitabilidade da ascensão de Salazar à PCM e consequente controlo unipessoal do aparelho de Estado. Numa coincidência providencialmente conseguida, nesse preciso dia foi publicado nos jornais "o projecto da nova Constituição Política destinada a pôr termo à Ditadura e a inaugurar uma era de normalidade jurídica."[27]

O general Domingos de Oliveira apresentou demissão em 5 de Julho de 1932, concluindo assim a missão que Salazar intimamente lhe atribuíra: dar o tempo suficiente (não muito) para que este alicerçasse o seu poder, estruturasse a sua doutrina e preparasse psicologicamente a Nação para a necessidade da sua liderança. No discurso de tomada de posse da PCM, com a mestria que o caracterizava, vincava a irredutibilidade da sua doutrina política sem ferir a susceptibilidade dos autores da Ditadura Nacional: "os homens que constituem o Ministério são outros, mas o Governo é o mesmo – o Governo da Ditadura Nacional, que tem as suas ideias assentes e as principais directrizes traçadas [objectivamente, o salazarismo]. Os problemas que há a resolver na política e no conjunto da administração pública são numerosos, graves e alguns muito urgentes", por isso, "é preciso ir até ao fim"[28].

A poucos meses de ratificar a nova constituição política, em 23 de Novembro de 1932, na posse da comissão central e da junta consultiva da UN, o "chefe" fez novo discurso forte, onde reforçou a sua doutrina e advertiu tanto colaboradores como opositores:

[25] SALAZAR, António de Oliveira, *idem*, p. 118.
[26] *Idem*, p. 140.
[27] CAETANO, Marcello, *idem*, p. 45.
[28] SALAZAR, António de Oliveira, *idem*, pp. 151, 155 e 156.

"A todos os que são nossos ou desejem sê-lo havemos de dizer, claro e alto, em nome da Nação a reconstruir, que às forças da Ditadura se exige Disciplina, Homogeneidade, Pureza de Ideal.

Não estão connosco os que preferem à obediência [ao "chefe"] a sua liberdade de acção nem os que sobrepõem às directrizes superiormente traçadas as indicações da sua inteligência, ainda que esclarecida, ou aos impulsos, ainda que nobres, da sua vontade. Não estão connosco os que não sentem profundamente os princípios essenciais [o salazarismo] de reconstrução nacional [...]. Não estão connosco os que pensam tirar da sua adesão título de competência [em competição com o "chefe"]"[29].

A sua confiança atinge então o auge: "Eu tenho confiança, eu tenho a certeza de que o doce País, que nós somos, quer realmente salvar-se!"[30] A dimensão salvífica atribuída à sua doutrina, revestida em projecto político com a instituição do Estado Novo, não é mais do que a justificação e confirmação da sua "missão" pessoal. Construção teleológica perfeita que projectava, sob a forma de desafio, sobre o país: "não estão connosco [...] os que não sentem em si nem dedicação para servir a Pátria nem disposição para sacrificar-se pelo bem comum [à imagem do "chefe"]."[31]

Após passar, em Março, na consulta ao país (na realidade, as bases do regime), a nova constituição política entrou em vigor em Abril de 1933, instituindo o Estado Novo. O informal salazarismo encontrava a roupagem jurídica que lhe servia e repunha a "normalidade". A UN justificara a sua criação ao desempenhar um papel importante com o desenvolvimento de intensa campanha política em prol da nova constituição e do Estado Novo. Ao desafio missionário lançado pelo "chefe" muitos corresponderam. A encabeçá-los figuraria Marcello Caetano, que, desde o primeiro instante, colaborou com Salazar demonstrando ameaçadora competência. Se na construção do Estado Novo ou na ascensão ao poder e afirmação de Salazar e da sua doutrina, adiante aprofundaremos.

1.2. Laços de colaboração política

A forma como Salazar liderou as relações com os "homens de boa vontade" da(s) direita(s) que progressivamente o rodearam revela a exímia capacidade do presidente do Conselho em perscrutar e dominar a *psyché* daqueles cuja colaboração necessitava. Marcello afirmou, a propósito do início da sua primeira colaboração com Salazar, que "como depois muitas vezes verificaria, [este] era indiferente às

---

[29] *Idem*, p. 183.
[30] *Idem*, p. 184.
[31] *Idem*, p. 183.

situações particulares quando queria alguma coisa de alguém"³². Aliás, "o pragmático equilíbrio, sob a tutela arbitral do salazarismo, dessas várias direitas da direita, [...] habilmente gerido por Salazar"³³, confirma a análise.

O processo de selecção de colaboradores obedeceu, no início, a criterioso objectivo, que, não sendo de forma alguma regra, terá sido referencial nos períodos mais críticos. Passaria por afastar os "velhos" políticos (ou políticos da "velha" política) que, devido à experiência divergente da nova realidade, não estivessem na disposição de seguir Salazar incondicionalmente, optando este por marginalizá-los politicamente. Procurava por isso recrutar jovens talentosos, de matiz política concordante. Nesta linha se enquadra Marcello Caetano e Pedro Theotônio Pereira, o amigo que o introduziu a Salazar. A remodelação governamental de 1944, ano particularmente difícil para o salazarismo, em virtude da previsível derrota das potências do Eixo e consequente queda dos regimes de (extrema) direita, obedeceu a essa regra, aliás à imagem dos primórdios do salazarismo. Ao lado de "veteranos", entenda-se salazaristas convictos, como Caeiro da Mata (M. Educação Nacional) e Américo Tomaz (M. da Marinha), entravam um jovem professor para a Justiça ("mais jovem do que eu", diz Caetano), Manuel Cavaleiro de Ferreira, e ("enfim, outro jovem") o Luís Supico Pinto³⁴, para a Economia.

Poder-se-á inferir que Salazar, que em 1928 era também "um homem ainda novo"³⁵, com 38 anos, foi, como realça Freire Antunes, "a jovens da direita idealista e criativa, como Caetano e Theotónio Pereira, que [...] recorreu nos primeiros tempos do Ministério das Finanças e da Presidência do Conselho."³⁶ Formados politicamente, com as "verduras dos 20 anos", na publicação da revista *Ordem Nova*³⁷ e participação em periódicos como a *Ideia Nacional* e *A Voz*, ofereciam suficientes garantias de fidelização ao "chefe", que se encarregaria de os "amadurecer" ao serviço do salazarismo. A consagração dos jovens recém-formados e cativados pela emergente vaga anti-comunista, não seria de todo esquecida. Para esse fim foi criado todo um percurso, que começaria na Mocidade Portuguesa (MP) e desembocaria, para os "ilustres", na UN.

A colaboração com o homem que "em 1928 estava cheio de certezas"³⁸ iniciou-se com uma correcção de Caetano a uma emenda de Salazar no processo

---

[32] CAETANO, Marcello, *idem*, p. 24.
[33] ROSAS, Fernando, em MATTOSO, José, *História de Portugal*, vol. VII – *Estado Novo*, pp. 10-11.
[34] CAETANO, Marcello, *idem*, p. 7.
[35] *Idem*, p. 35.
[36] ANTUNES, José Freire, *idem*, p. 29.
[37] Auto-definida como: "antimoderna, antiliberal, antidemocrática, antibolchevista e antiburguesa; contra-revolucionária; reaccionária; católica; apostólica e romana; intolerante e intransigente".
[38] CAETANO, Marcello, *idem*, p. 35.

de reelaboração do regime de seguros, empreendida com o auxílio de Theotónio Pereira. Marcello impressionou Salazar (ou pelo menos este alimentou-lhe a ilusão) que, por sua vez, respondeu no mesmo registo impressivo convidando-o para o importante cargo de auditor do Ministério das Finanças (MF). Tinha então 23 anos. Quarenta e seis anos depois, permanecia indisfarçável a emoção que Marcello sentira: "decididamente estava-se em plena Revolução!"[39]

O entusiasmo duraria o tempo suficiente para que Salazar controlasse o aparelho de Estado. A mestria no jogo psicológico de gestão dos seus "colaboradores", mantendo-os próximos e activos com a "expectativa" de privarem com o "chefe" mas politicamente inofensivos por, integrando o meio, gozarem "de pouca intimidade" com o mesmo, manifesta-se com Caetano em todo o seu esplendor. O lamento expresso nas *Minhas Memórias de Salazar* é paradigmático: "A expectativa que me animara de início, de ser um colaborador intensamente aproveitado, foi-se desvanecendo com o tempo."[40] Na óptica de Salazar foi, sem margem para grandes dúvidas, um colaborador intensamente aproveitado, já o espaço político ambicionado por Caetano, esse sim, foi-se desvanecendo na sombra do poder.

O método de trabalho de Salazar também não era inocente. Necessidade imposta pelo profundo estudo a que submetia tudo, qual gestor minucioso, o "isolamento era das suas maiores forças" em relação aos que o rodeavam "e também o seu procedimento mais irritante". Caetano, a maior vítima do "método", insistia: "continuo convencido de que poderia ter sido um colaborador mais útil e menos burocrático."[41] Mas o estado de graça do "mago das finanças" concedia-lhe todos os benefícios, não de dúvida, mas de certeza. Marcello não deixou de o absolver: "mas até com os ministros, seus colegas, ele era assim".

A omnipresença de Salazar na administração do Estado era indiscutível. Ao ponto de toda a produção legislativa, de todos os quadrantes, inclusive a mais trivial, ter necessariamente de passar pelo seu crivo. A frieza nas relações de trabalho contribuía, paradoxalmente, para criar o paternalismo do "chefe" sobre a "renascida Pátria". Caetano manifestou-o. Quando foi aprovado nas provas de doutoramento e "esperava uma palavra amiga de felicitações de Salazar, [recebeu] um bilhete bastante seco de agradecimento pela oferta da dissertação"[42]. Esta síndrome que vitimizaria o país marcara-o a tal ponto que, quando chegou ao poder, procurou ainda, sem sucesso e em formato audiovisual, reproduzir nas "Conversas em Família" a fórmula bem sucedida das "Lições de Salazar".

---

[39] CAETANO, Marcello, *idem*, p. 25.
[40] *Idem*, p. 48.
[41] *Idem*, pp. 36-37.
[42] *Idem*, p. 48.

O horror de Salazar a dependências ou favores políticos de terceiros havia encontrado um poderoso antídoto: precisamente, o seu oposto. Caetano parece ter-se determinado a ser necessário a Salazar. Terá sido esta a receita que encontrara para ganhar protagonismo político. Aquele não prescindia dos seus serviços, controlando-o, quando podia, friamente à distância.

A colaboração de Caetano no *Jornal do Comércio*, dirigido por Diniz Bordalo, foi habilíssima na persecução do propósito, pois este jornal "foi o primeiro a procurar explicar o que se estava fazendo e os resultados que se iam colhendo." No primeiro conflito de Salazar com a imprensa, a que já se fez referência, por esta se recusar a publicar o projecto constitucional de ambos, para suposta "discussão pública", Caetano, através desse jornal, foi necessário. Ao chamado de Salazar, "acorreu logo". "Encontrei-o – disse Caetano – mais magro que no dia em que, pouco antes, tínhamos acabado o projecto constitucional." O enternecimento empregue na discrição, além de comprovar o referido paternalismo salazarista, manifesta o resultado da contenda: o projecto foi publicado. No rescaldo, "nesse mês de Julho de 1932 já estavam apertados entre [ambos], para além das simples relações de funcionário para Ministro, laços de colaboração política."[43]

Qual filho pródigo, Caetano "não tinha um feitio cómodo e eram [ainda] muitas as verduras da mocidade", mas servia Salazar religiosamente. Este perdoava "o jovem impertinente que se permitia atitudes rebeldes"[44], porque não era de desaproveitar a sua competência e porque, enquanto o servisse, podia controlá-lo.

Colaborou na redacção da Constituição de 1933. Participou activamente no lançamento da monopolizadora "organização cívica" ao integrar a Junta Consultiva, tornando-se, aos 26 anos, o "benjamim" das cúpulas da UN[45]. Integraria também o trio da Comissão Executiva da UN. O intenso trabalho conjunto servira para evidenciar a estratégia de Salazar para a consolidação do seu "poder absoluto": "evitar que alguém se arrogasse em exclusivo a colaboração" nas obras fundamentais, "diluindo-se no trabalho de equipe a contribuição de cada qual."[46]

Apercebendo-se, possivelmente, do potencial político de Caetano, convidou-o para o novo cargo de subsecretário de Estado das Corporações e Previdência Social. Sob a aparência duma promoção política, Salazar pretenderia interromper-lhe a ascensão remetendo-o para um cargo trabalhoso e, na prática,

---

[43] CAETANO, Marcello, *idem*, pp. 52 e 54.
[44] *Idem*, p. 62.
[45] ANTUNES, José Freire, *idem*, p. 30.
[46] CAETANO, Marcello, *idem*, p. 45.

pouco substantivo. Caetano rejeitou o convite em prol da sua carreira académica[47]. O "chefe" não gostou e demoraria 11 anos a convidá-lo novamente para o governo. Porque necessitava dele. Caetano, por seu turno, não esqueceria a manobra. Ensaiá-la-ia também ele, em 1973, com Spínola.

Salazar terá então formado uma convicção que não mais abandonaria: Caetano desejava o poder. Quem o confirmou foi a governanta D.ª Maria: " [Caetano] era das poucas pessoas que dizia o que pensava. O Dr. Salazar chegava a ficar furioso com o que lhe ouvia, pois estava habituado a que todos lhe dessem améns. [...] A nós nunca iludiu. Só queria o poder. O Sr. Dr. tinha-o sempre debaixo de olho." O maquiavelismo de Salazar é de seguida sintetizado pela D.ª Maria: "dizia-me que o maior perigo não vem dos inimigos mas dos que se fazem passar por amigos."[48] E, segundo esta perspectiva, a melhor forma de controlar os potenciais inimigos, pode inferir-se, era fazer passá-los por amigos.

Politicamente leal, Caetano continuaria a colaborar com Salazar na edificação do novo regime, na óptica do primeiro, e na expansão do salazarismo, claramente a perspectiva do segundo. Continuaria também, no entanto, a deixar Salazar "furioso" pontualmente, como quando se demitiu da UN, em 1934. Iniciaram-se então os "arrufos" entre ambos. Mas estes não hipotecariam, no imediato, os "laços de colaboração política" na construção do Estado Novo (formal ou real).

1.3. O regime: um feixe de instituições

Em Dezembro de 1936 promulgou-se o Código Administrativo, diploma complementar da Constituição de 1933 e a partir do qual se reformou a administração local e regional. No dia 16 de Janeiro desse ano, em conferência na Sociedade de Geografia de Lisboa, Marcello ensaia o discurso de defesa do novo código, atacando os resquícios locais de "política partidária":

"Os Códigos Administrativos do século passado tinham vícios de princípio, mas tinham sobretudo de ser executados num ambiente saturado de péssimas concepções da vida pública, transferiram-se para os concelhos torpes preocupações de política partidária, e o Município deixou de ser uma unidade, o ponto de convergência dos interesses vicinais, para passar a constituir um tablado para a luta de influências rivais, em que os apetites eram mais importantes do que os

---

[47] Caetano estava prestes a realizar concurso para professor da Faculdade de Direito de Lisboa, na perspectiva de prosseguir a carreira académica que desejava. Podendo especular-se até que ponto seria uma mera coincidência biográfica, o facto é que Caetano seguia os passos do seu predecessor. A política podia esperar.

[48] DACOSTA, Fernando, *As Primaveras de Marcello Caetano*, em Revista Visão, 14 de Maio de 1998, pp. 42-47.

programas."⁴⁹ Permanecia indiscutível, pode concluir-se, o empenhamento de Caetano na expansão do magma salazarista, neste caso, ao microcosmo local.

Como sublinha Freire Antunes, o Código Administrativo "foi uma das maiores prestações de Caetano ao Estado Novo"⁵⁰. O "benjamim" era irreverente, impertinente e crítico⁵¹, mas colaborava na construção do regime à (exacta) medida que Salazar solidificava o seu poder.

Em discurso no III Congresso da UN, em 23 de Novembro de 1951, Caetano soprou o véu sobre a essência do regime, ao esbater a possível heterogeneidade conceptual, decorrente do desgaste sofrido por Salazar no pós-guerra, afirmando ter "a certeza de que nos separa não um problema de fins e sim mera questão de meios."⁵² Os "fins", esclarece logo de seguida, são "os governos de homens representativos do interesse nacional e, enquanto representativos, estáveis no Poder." Os "meios para a consecussão [sic] do fim" seriam esse "feixe de instituições"⁵³ que compõem a Nação.

Salazar, representativo do interesse nacional, expresso em 1930 no AC e, em 1933, na nova constituição, era a principal "instituição" (real) do país. O presidencialismo autoritário, exercido, na realidade, pelo presidente do Conselho, a instituição da polícia política (Polícia de Vigilância e Defesa do Estado – PVDE), a ilegalização da oposição e a confirmação do monopólio político do único "partido" legal (UN) eram a principal obra jurídica dessa "instituição". Os conceitos económicos expressos na nova constituição visavam a persecução do objectivo central do regime salazarista, e eram, segundo o próprio, em discurso de 27 de Maio de 1933, os seguintes: "impor a ordem nas ruas e nos espíritos, nas finanças e na economia, nos costumes e na mentalidade, nos serviços públicos e nas actividades privadas"⁵⁴. As definições de "Riqueza", "Trabalho", "Família", "Associação Profissional" e "Estado"⁵⁵, constituídos pilares da orga-

---

[49] CAETANO, Marcello, *Princípios e Definições*, textos de 1936 a 1967, compilados por António Maria Zorro, Lisboa, 1969, p. 135.
[50] ANTUNES, José Freire, *idem*, p. 33.
[51] CAETANO, Marcello, *Minhas Memórias de Salazar*, p. 337.
[52] CAETANO, Marcello, *Princípios e Definições*, p. 161.
[53] *Idem*, p. 116. A aplicação do termo "feixe", em 1936, também não será de todo inocente. O termo deriva do latim *fasce*, que no italiano originaria o termo *fascio*, símbolo máximo do *fascismo* de Mussolini.
[54] SALAZAR, António de Oliveira, *Discursos*, vol.1, p. 225.
[55] Salazar esclarece os conceitos no primeiro discurso radiofundido, em 16 de Março de 1933:
a) O Trabalho: "...todo o trabalho tem a mesma nobreza e a mesma dignidade, quando é a contribuição proporcionada às faculdades de cada um para a colectividade a que pertence.
b) A Riqueza: "...tem de realizar o interesse individual e o interesse colectivo [...], segundo a ordem racional das necessidades dos indivíduos e da Nação. [...] realizar o máximo de produção socialmente útil e que é obrigação do estado zelar pela moral, pela salubridade e pela higiene pública."
c) A Família: "é a mais pura fonte dos factores morais da produção.

nização económico-social pela nova constituição, confirmavam a concordância com o objectivo.

A "tradição", influente instituição informal do universo salazarista, contribuiu para a historicidade atribuída ao regime. Em conferência, Caetano declarou a sua harmonia com a ideia: "eu sou o mais respeitoso admirador da tradição: mas não sou só isso, que é pouco, sou também um homem que vive na tradição e colabora nela."[56] Os paralelismos históricos estabelecidos em torno da figura de Salazar seriam a expressão mediática da obra salazarista de "afirmar [para Portugal] o direito da sua existência no Mundo e da sua independência na História! E como obreiro deste renascimento [...], Salazar surgia aos olhos de todos com o perfil endurecido de governante voluntarioso em que se diria podermos vislumbrar a austeridade e a firmeza que tinham entre os seus contemporâneos distinguido o Infante ou o Marquês de Pombal."[57]

O contributo de Marcello para o "messianismo" sebastianista (mito renovado por Fernando Pessoa com a publicação da *Mensagem* em 1934) com que Salazar foi agraciado, alinhava com o processo de criação de instituições vocacionadas para apoiar politicamente a "instituição" maior do regime: o líder e o seu poder centrípeto.[58]

No dia 26 de Outubro de 1933 é inaugurada a sede do Secretariado da Propaganda Nacional (SPN). O discurso de Salazar é dirigido contra o "pudor" dos "mal entendidos": "quem penetrar bem o seu significado, entenderá que não se trata duma repartição de elogio governativo, que não se trata de elevar artificialmente a estatura dos homens que ocupam as posições dominantes do Estado; [...] não é um instrumento do governo, mas um instrumento de governo no mais alto significado que a expressão pode ter."[59] Ao serviço do mais alto membro do governo, poderíamos acrescentar.

O Instituto Nacional do Trabalho e Previdência (INTP) desempenharia também uma alta função "no travejamento geral do edifício a erguer." No discurso

d) A Associação Profissional: "...é, pela homogeneidade de interesses dentro da produção, a melhor base de organização do trabalho, e o ponto de apoio, o fulcro das instituições que tendem a elevá-lo, a cultivá-lo, a defendê-lo da injustiça e da adversidade."
e) O Estado: "...deve manter-se superior ao mundo da produção, igualmente longe da absorção monopolista e da intervenção pela concorrência. [...] O Estado não deve ser o senhor da riqueza nacional nem colocar-se em condições de ser corrompido por ela. Para ser árbitro superior entre todos os interesses é preciso não estar manietado por alguns." Idem, pp. 198 a 209.

[56] CAETANO, Marcello, *Uma Série de Conferências*, 1937, p. 324.
[57] CAETANO, Marcello, *Minhas Memórias de Salazar*, p. 66.
[58] Heloísa de Jesus Paulo, no artigo *Salazar: a elaboração de uma imagem*, realça que, "sobretudo nas primeiras publicações que evocam o seu nome", "a assimilação entre a figura de Salazar e o regime é o mais comum". Em Revista de História das Ideias, Vol. 18, *História. Memória. Nação*, Coimbra, 1996, p. 255.
[59] SALAZAR, António de Oliveira, *Discursos*, vol.1, p. 262.

para os delegados do INTP que partiam para desempenhar as suas funções, com a tríplice missão de "Propaganda, Patronato e Organização", em 20 de Dezembro de 1933, Salazar deixava bem claro o objectivo: "propaganda intensa, constante dos factos e das ideias, da doutrina que está feita e da doutrina a criar. Sobre a revolução nacional em marcha e sobretudo no que toca á economia e ao trabalho temos sem dúvida os grandes princípios orientadores, as ideias mestras, o travejamento geral do edifício a erguer. [...] Estamos em país que é preciso organizar de alto a baixo [...]; levar os interessados a assimilar os princípios, a ver o interesse da organização, a desejar servir-se dela para elevar o nível económico, intelectual e moral dos seus pares, isso é o que para o futuro da obra principalmente nos convém."[60]

O "edifício a erguer" era, concretamente, a "organização corporativa", quadro teórico-conceptual que melhor se ajustava ao salazarismo. Na primeira duma série de conferências promovida pelo subsecretariado das Corporações, em 13 de Janeiro de 1934, justificava: "Levanto ainda o véu de outra dificuldade para chegar a uma conclusão. A antiga concepção do Estado, que corresponde ainda em grande parte à sua orgânica actual, faz dele máquina de feição estruturalmente, exclusivamente, política e administrativa. [...] Numa palavra: ele não está apto a dirigir a economia, pelo que ou se há-de transformar ou há-de desistir."[61]

Verificada a inviabilidade da "antiga concepção", a opção foi o modelo que ia no "sentido da medida e do justo equilíbrio dos valores"[62], sobre o qual se fundou o Estado Novo. "O problema pode então ser resolvido pela organização corporativa. E com ela até, em vez de termos a economia dirigida pelos governantes, podemos ter a economia autodirigida, que é fórmula incontestavelmente superior."[63] A fórmula simplista apresentada, longe de constituir uma deficiência conceptual de Salazar, manifestava a verdadeira (limitada) implantação que o modelo viria a ter. Aliás, o presidente do Conselho confessou-o subliminarmente: "não duvido, porém, de que em certos momentos a autoridade suprema intervirá, porque não será uma e a mesma coisa dar direcção à economia e satisfazer com ela o interesse geral"[64].

[60] *Idem*, pp. 280 a 283.
[61] SALAZAR, António de Oliveira, *Discursos*, vol.1, p. 292.
[62] CAETANO, Marcello, *Minhas Memórias de Salazar*, p. 67.
[63] SALAZAR, António de Oliveira, idem, p. 292 e 293. No seguimento, Salazar afirma: "Seja qual for a interferência dos órgãos corporativos na feitura das leis – estudo e preparação como na nossa Constituição Política, deliberação como pode ser noutros sistemas –, a verdade é que mesmo sem a existência de preceitos genéricos e só por entendimentos bilaterais sobre quantitativos e condições da produção, preços, regalias do trabalho, a economia nacional pode ter suficiente direcção."
[64] *Idem*, p. 293.

O corporativismo, de que a experiência fascista mussoliniana servia de inspiração internacional e confirmava o (ideado) sucesso do conceito, estava nos anos 20 e inícios dos anos 30 no apogeu de adesão. Mas Salazar nunca resolveu completamente a conceptualização do chamado "Corporativismo Português"[65], discursivamente enleado por uma certa dose anfibológica. Reis Torgal escreve que "ele [o corporativismo] será sempre apresentado por Salazar e pelos ideólogos salazaristas, de que se pode destacar João Ameal, como a «Revolução Necessária», diferente do Fascismo, mas seu «equivalente», como a «terceira via», de conciliação de classes, de produção de riqueza pelos trabalhadores em colaboração com o capital, de acordo entre os trabalhadores, agrupados em sindicatos nacionais, com os patrões, organizados em grémios."[66]

A ambiguidade na conceptualização teórica era compensada sobremaneira pelo pragmatismo discursivo do salazarismo. A inegável coerência dos discursos de Salazar reforça a ideia de que o recurso a fórmulas teóricas se processava na medida em que se ajustassem e servissem o *logos* e, sobretudo, a *praxis* salazarista.

Na sessão de encerramento do I Congresso da UN, realizada no Coliseu dos Recreios, em 28 de Maio de 1934, o presidente do Conselho acrescenta mais algumas palavras "nas linhas desta página do nacionalismo português": "Unidade, coesão, homogeneidade – são a palavra de ordem para o ano IX.

Ele vai começar – o nono ano da Revolução Nacional, e, se fosse preciso, no limiar do novo ciclo, responder à vossa curiosidade, numa palavra, dizer-vos para onde vamos, dir-vos-ia simplesmente – para diante! E relembro a frase da sessão inaugural: 'terão perdido o seu tempo os que voltaram atrás'.

Para diante – na construção do Estado; para diante – na organização corporativa da Nação –, para diante – na organização da defesa nacional, no desenvolvimento do Império Colonial"[67].

---

[65] A definição do conceito levanta sérias dificuldades. Manuel de Lucena realça o facto: "uma forma assim, susceptível de tais variações e metamorfoses, atraia adeptos sinceros ou utentes aplicados oriundos de tantas famílias políticas". Mais a frente, revela a ambiguidade que acompanhou o desenvolvimento do corporativismo ao longo do Estado Novo: "durante o longo consulado de Salazar, ouviu-se repetidamente a confissão de que estávamos em corporativismo de Estado, seguida pela promessa de que um dia passaria a ser tão subordinado. Ora, enquanto tal não sucedia, como também não veio a suceder sob Marcello Caetano – cuja "renovação na continuidade" apontou timidamente, ao princípio, nessa direcção –, a organização corporativa foi prestando relevantes serviços a distintos [sectores]." LUCENA, Manuel, *O Regime Salazarista e a sua Evolução*, Matosinhos, 1995, p. 26.

[66] TORGAL, Luís Reis, *Estado Novo: "República Corporativa"*, Revista Teoria das Ideias, vol. 27, 2006, p. 456. O autor prossegue a explicitação do que entende ser o corporativismo português: "Nesta lógica, a economia (como vimos) passa a fazer parte integrante do próprio Estado, ao contrário da teoria liberal, não para nacionalizar, como no socialismo, mas nela "intervir", criando regras regulamentadoras."

[67] SALAZAR, António de Oliveira, *Discursos*, vol.1, pp. 363 e 364.

A clarificação da essência do regime culminaria, possivelmente, no discurso sobre a "constituição das câmaras na evolução da política portuguesa", de 9 de Dezembro desse mesmo ano: "o emocionante caso português é no entanto redutível, pelo que toca aos princípios fecundos da transformação operada, a bem poucos elementos fundamentais: na base a segurança e a ordem pública a cargo do Exército e da demais força armada; a vida administrativa dominada pelos princípios de concentração e continuidade; no cimo uma direcção política dotada de estabilidade e independência. Eis tudo."[68] Numa palavra: salazarismo.

O Estado autoritário de segurança nacional em que se materializara o Estado Novo, não totalitário porque "limitado pela moral e pelo Direito"[69], e que já contava com a Censura, foi sendo reforçado institucionalmente com a criação da Legião Portuguesa (LP) e da Mocidade Portuguesa (MP), sucessora da Acção Escolar Vanguarda (AEV). Instituições paramilitares de óbvia inspiração fascista, mas não violentas[70], de enquadramento e formação ideológica da juventude no salazarismo, numa altura em que o extremismo (de ambos os pólos ideológicos) constituía uma ameaça real. A célebre "Image de L'état Nouveau Portugais" com que Portugal se representou na Exposição Universal de 1937, em Paris, exibia a sólida e harmoniosa organização "corporative" num país liderado pelo seu "Chef".

---

[68] SALAZAR, António de Oliveira, *idem*, p. 374. Mais à frente, no mesmo discurso, acrescenta: "como uma grande família ou uma grande empresa, a Nação precisa, para a defesa dos seus interesses comuns e para a realização dos fins colectivos, duma cabeça coordenadora, dum centro de vida e de acção, este não tem de ser absorvente, incompatível com muitos outros secundários do organismo político, mas a marcha é tanto mais segura quanto menores forem as substituições do órgão central. [...] O maior problema político da nossa era há-de ser constituído pela necessidade de organizar a Nação, o mais possível no seu plano natural, quer dizer, respeitados os agrupamentos espontâneos dos homens à volta dos seus interesses ou actividade, para a enquadrar no Estado, de modo que este quase não seja senão a representação daquela com os órgãos próprios para se realizarem os fins colectivos. É este problema que dá transcendência política à organização corporativa." Pp. 377 e 386.

[69] Cit. em CAETANO, Marcello, *Minhas Memórias de Salazar*, p. 46. No discurso de 20 de Dezembro de 1933, Salazar reforça o autoritarismo de Estado, mas reitera a rejeição do totalitarismo: "caminhamos sem receio neste fortalecimento dos indivíduos pela vida intensa dos seus grupos naturais porque não pretendemos o Estado omnipotente governado sobre a miséria de rebanhos destroçados. Mas o Estado forte nacional, resultante do equilíbrio que a justiça crie entre todos os indivíduos". Em SALAZAR, António de Oliveira, *idem*, p. 283. Marcello alinha com a ideia: "Salazar, efectivamente [sic], resistiu sempre a aceitar o totalitarismo do Estado: toda a Constituição de 1933, onde se proclama a limitação da soberania pela Moral e pelo Direito, está cheia das afirmações dos direitos, não só individuais como da família (...)". Em CAETANO, Marcello, *idem*, p. 72.

[70] Salazar, numa posição de afastamento do regime italiano, sempre rejeitou a violência como método de suporte do processo revolucionário, por considerar "contra-indicado entre nós, pelas experiências do passado, [...], pela possibilidade de se obterem os mesmos fins por outros meios mais harmónicos com o nosso temperamento e as condições da vida portuguesa." Em CAETANO, Marcello, *idem*, p. 46.

Caetano permaneceria, ao longo dos anos 30, leal servidor do Estado Novo e o mais "necessário" colaborador do "chefe". "Em 1935 fora escolhido, por cooptação, para vogal do então denominado Conselho do Império Colonial"[71], exercendo o cargo por oito anos. Em 1934 faz a primeira de várias viagens às Colónias, adquirindo um conhecimento profundo da realidade que Salazar defendia sem conhecer. Mais tarde, a partir de 1940, exerceu as funções de comissário nacional da MP. Cargo pouco substantivo politicamente, mas com grande exposição pública. Havia sido o mais jovem auditor do MF. Percurso que, a somar à participação na elaboração da Constituição de 1933 e do respectivo Código Administrativo, faria de Marcello Caetano a "principal figura do Regime a seguir a Salazar". Uma posição privilegiada, sobretudo na perspectiva de ascensão ao poder, mas que se revelaria trágica em virtude da constatação duma realidade: o regime confundia-se com o seu líder; ou, dito de outro modo (e talvez com algum excesso), Salazar encarnava o próprio regime.

Na origem da tomada de consciência de Caetano terão estado as crescentes divergências conceptuais e de implementação do corporativismo. Tal como Theotónio Pereira, Marcello não concebia o corporativismo como "um mero capricho"[72], numa referência implícita a Salazar, desejando uma aplicação total[73] do sistema. Já este, como vimos, privilegiava a imposição da "ordem nas ruas e nos espíritos, nas finanças e na economia"[74].

A devoção marcelista ao modelo corporativo ficaria expressa na obra *Problemas da Revolução Corporativa*, publicada em 1941. Aí afirma que "o corporativismo não é uma doutrina elaborada por subscrição: com ideia deste, ideia daquele, o liberalismo tem razão aqui, mas os comunistas têm razão acolá... o corporativismo tem a sua doutrina perfeitamente definida, formando bloco, e para os seus adeptos ela é uma verdade só." Exigia uma dinâmica incompatível com "os brandos costumes" institucionalizados por Salazar. Pois, conclui, "nem de outro modo poderia ser, como tem sido, doutrina de combate, pensamento revolucionário, bandeira de barricada."[75]

O "problema corporativo", como veremos no próximo ponto, acabaria por contribuir determinantemente para uma mudança nas relações entre os dois

---

[71] *Idem*, p. 9.
[72] CAETANO, Marcello, *Princípios e Definições*, p. 46.
[73] "Para mim, a Corporação não é nunca um organismo destinado à mera direcção económica: é, sim, um corpo social." *Idem*, p. 43.
[74] SALAZAR, António de Oliveira, *idem*, p. 225. Também Howard G. Wiarda foca esta divergência, em *Corporatism and Development: The Portuguese Experience*, Amherst: The University of Massachusetts Press, 1977, pp. 127 a 129.
[75] CAETANO, Marcello, *Problemas da Revolução Corporativa*, Lisboa, Acção Editorial Império, 1941, p. 18.

políticos. Talvez porque, afinal, o regime ao qual Marcello tanto se dedicara, não passava de "um feixe de instituições" nas mãos de um só homem.

1.4. As crises, os arrufos e a clivagem política

Em as *Minhas Memórias de Salazar*, Caetano não conhece excesso para elogiar o exercício do poder e o "admirável método" de trabalho de Salazar, que o conduziria ao "apogeu da sua glória" no ano de 1940[76]. Ano das comemorações do "Duplo Centenário da Independência e da Restauração", inauguradas no simbólico Castelo de Guimarães, e da "Exposição do Mundo Português". Ano que coroava uma década de vitórias políticas (e pessoais) de Salazar. Duarte Pacheco, à frente do Ministério das Obras Públicas (MOP), realizou, em nome do "chefe", "uma espécie de fontismo"[77]. António Ferro, à frente do SPN, encarregou-se de projectar publicamente a obra e o homem (Salazar). Carmona fez aquilo que Salazar nunca mostrou vontade de fazer: visitou as colónias de S. Tomé (1938), Angola (1938) e Moçambique (1939), "dando ocasião [às habituais] cenas comovedoras de patriotismo e de fidelidade das populações"[78].

Contudo, paradoxalmente, confessava os indícios de heterogeneidade que caracterizaria a "colaboração política" com Salazar.

Na sequência da demora de Salazar em o receber para aprovar o programa das fases preparatórias e o plano do I Congresso da UN, para o qual lhe tinha dirigido "novo apelo", Caetano anunciou a demissão da comissão executiva e recusou a "tardia" audiência concedida por aquele, alegando que "não sabia trabalhar assim." Como facilmente se depreende, "Salazar não levou a bem que eu tivesse procedido como procedi, e eu fiquei agastado com a falta de interesse dele. Houve um arrufo entre nós que iria durar anos."[79]

O "endurecimento de feitio e de trato" e o facto de Salazar exercer o poder "confiando sobretudo em si próprio"[80], não demonstram uma alteração de comportamento, como sugere Marcello, mas sim, pelo contrário, a asserção da sua inalteridade.

O Estatuto do Trabalho Nacional, promulgado pelo decreto-lei n.º 23 048 de 23 de Setembro de 1933, é exemplificativo. Na sua obra de 1938, *O Sistema Corporativo*, Marcello reitera que aquele "corresponde exactamente, pela sua natureza, estrutura e finalidade, à 'Carta del Lavoro' italiana". Contudo, como realça Manuel de Lucena, aquele estatuto afastou-se, na prática, do modelo ita-

---

[76] CAETANO, Marcello, *Minhas Memórias de Salazar*, p. 64 e 65.
[77] LUCENA, Manuel, *O regime salazarista e a sua evolução*, p. 40.
[78] CAETANO, Marcello, *idem*, p. 65.
[79] *Idem*, p. 60.
[80] *Idem*, p. 73.

liano, aproximando-se claramente do catolicismo social.[81] A correspondência entre Caetano e Salazar confirma a análise. Na missiva de 10 de Fevereiro de 1944 afirmava que *"temos doutrina"*, *"o que nos falta é acção*. Eu, por exemplo, já tenho vergonha de falar em corporativismo [...], não há *espirito corporativo*, está incompleta e desacreditada a *orgânica corporativa* [...]. Falhanço. Falhanço puro, por mais que lhe digam outra coisa, por falta de *acção contínua e oportuna"*.[82]

Como facilmente se constata na correspondência entre ambos, Marcello gozava de uma abertura com Salazar sem paralelo. Permitia-se uma íntima agressividade crítica e uma frontalidade na linguagem que Salazar paternalmente tolerava. Às críticas Salazar invariavelmente responde com o desafio a Caetano para que lhes atribua nomes e apresente soluções objectivas[83]. Será assim, no essencial, a relação entre ambos até 1968. Caetano elogia os discursos de Salazar e a doutrina (certamente porque também é obra sua), mas aponta insistentemente a não correspondência da acção. Quando enaltece a acção, como a condução da política externa, especialmente durante a Guerra Civil Espanhola e a II Guerra Mundial (II GM), crítica a "pouca atenção [concedida] ao estado da opinião interna."[84]

Precisamente durante a II GM, o tom crítico subiu progressivamente. Em Setembro de 1942 dizia que "a falta de coordenação continua a parecer-me o maior defeito da nossa política". Um mês depois, fala em "sensação de mal-estar, de descontentamento, de desalento". Em Janeiro de 1943 relatava que "a situação moral é muito má e cada vez pior". Em Março alertava que "por toda parte só se ouve dizer: 'isto está na última, é o fim!' Será, Sr. Presidente? Eu por mim custa-me a capitular sem luta: mas não vejo outra coisa á minha volta senão *a preparação moral da derrota."* Na comemoração do 11º aniversário da posse de Salazar da PCM, em 5 de Julho de 1943, proferia discurso elogioso para o "chefe" mas que "não era o estilo oficial de então", dizendo que Salazar tem "defeitos como toda a gente" e que não pretendia "criar nos governantes uma tal presunção de não se enganarem que os erros se tornem fatais, frequentes e catastróficos." No início de 1944, escrevia a Salazar que "uma vez mais como estou essencialmente

---

[81] LUCENA, Manuel, *O Salazarismo: a Evolução do Sistema Corporativo Português*, Lisboa, Perspectivas & Realidades, 1976, vol.I, pp. 180-409.
[82] ANTUNES, José Freire, *Salazar Caetano, Cartas Secretas: 1932-1968*, p. 118.
[83] Resposta de Salazar á carta de Marcello de 10 de Fevereiro de 1944: "Só é pena que às suas observações, provavelmente muito verdadeiras e justas, não acrescente alguma coisa de positivo sobre a maneira de agir ou algumas precisões em matéria de facto que me ajudem a proceder. Subiriam assim muito de valor prático as suas críticas, se a precisão lhes não tirar a justeza. Por exemplo: o sofrimento dos meus próximos colaboradores que não têm directivas nem possibilidades de acção. Não julga útil que eu saiba quem são para sem demoras lhas dar?". *Idem*, p. 119.
[84] CAETANO, Marcello, *Minhas Memórias de Salazar*, p. 153.

(quero dizer: cá dentro, mesmo sem querer) com o seu pensamento. [...] E agora a realidade. [...] Ora, confrange-me (repito) a degradação moral progressiva do País, não contrariada, não evitada, pela acção do Governo."[85]

No final do Verão de 1944, Salazar procedeu a uma das mais importantes remodelações governamentais ("o ambiente em que se processara fora tenso"), na qual "não curara de promover nenhum equilíbrio de forças, a representação de correntes de opinião, mas tão-só rodear-se de pessoas seguras, na maior parte já provadas na sua dedicação ao regime e ao seu chefe."[86] Salazar tentara mais uma vez neutralizar politicamente o "benjamim", desta feita no Ministério da Justiça (MJ). Este apercebeu-se e declinou. Mas estava ansioso por regressar ao poder e quando Salazar lhe ofereceu o Ministério das Colónias (MC) respondeu que "isso é outra coisa!" Exigiu, porém, a promessa de Salazar de "ter chegado a altura de começar a mudar de rumo", já que Caetano se assumia "um partidário convicto da autonomia das colónias."[87]

Nesta "crise" de 1944 se estabeleceu o paradigma para as "crises" políticas das próximas duas décadas: o prenúncio da queda do regime, a solução de Salazar para o perpetuar, a dúbia posição de Marcello (que vacilava entre o crítico fervoroso e o colaborador fiel das horas más) e o progressivo distanciamento entre "O Estado Novo de Caetano contra o Estado Novo de Salazar [ou salazarismo]."[88]

Em 1945, na crise que desembocaria nas eleições de Novembro, Salazar usara Caetano, que começava a moldar a imagem de "liberal" com que chegaria a 1968, para revitalizar o regime. No Conselho de Ministros (por cuja regular realização Marcello tanto se batera) iniciado no dia 9 de Fevereiro, Salazar fez longa e detalhada exposição que intitulou de "exame de consciência política". Abordou o perigo que a chamada "aragem de democracia" poderia trazer para o regime. Caetano, por sua vez, aproveitou para criticar o falhanço do corporativismo a todos os níveis e que os tempos estavam a mudar, "sem poupar críticas que Salazar ouvia pacientemente"[89]. Este concluía com a solução para a permanência do "seu" regime: "o interesse da Inglaterra na preservação da ordem no Ocidente. Daí em diante, naquilo em que o Estado Novo estava certo, seria preciso convencer e lutar; e naquilo em que o Estado Novo não tinha

---

[85] CAETANO, Marcello, *Minhas Memórias de Salazar*, pp. 152-166.
[86] *Idem*, p. 7.
[87] *Idem*, p. 182. Salazar terá também afirmado que "demais a mais temos de contar com as idéias que depois da guerra hão de vir da América do Norte."
[88] Segundo expressão de Freire Antunes. ANTUNES, José Freire, *Salazar Caetano, Cartas Secretas: 1932-1968*, p. 43.
[89] CAETANO, Marcello, *idem*, p. 190.

razão, seria preciso emendar"[90]. O "Salvador da Pátria" era salvo pela reconfiguração geo-política resultante da II GM. A partir de então, Salazar empenhou-se prioritariamente na continuidade duma intensa política externa e abdicou da renovação interna, delegando-a em Caetano, que a seguir ao presidente do Conselho ficou a ser, definitivamente, a principal figura política do governo.[91]

As consequências internas resultantes das profundas mutações ocorridas no pós-guerra não terminariam após as eleições de 1945. Acentuava-se gradualmente a clivagem entre os dois partidos informais que polarizavam as sensibilidades em torno de Salazar. A conjuntura internacional favorecia, segundo expressão de Marcello, o seu "liberalismo". Por seu lado, o chamado "partido militar" reagia com "temor".[92] O pessimismo de Salazar condu-lo à hesitação e à dúvida: "à medida que vou avançando experimento dúvidas acerca da oportunidade de várias afirmações, sobretudo sob o aspecto internacional em cujo apoio moral têm confiança os homens da oposição."[93]

Sem surpresa, encarregou Caetano de lutar na frente interna, nomeando-o para a Comissão Executiva da UN em Março de 1947, porque convinha adaptar o movimento ao "pensar geral", já que "o mundo todo assentou em que a existência de partidos é o sinal exterior ou a prova provada da existência de instituições livres."[94] Enquanto isso, Salazar ocupava-se da frente externa, explorando o capital político resultante da "neutralidade colaborante". Adere à Organização Europeia de Cooperação Económica (OECE) em 1948. No ano seguinte assina o Pacto do Atlântico Norte (NATO). Inegáveis vitórias políticas do regime, estas opções eram as que melhor se enquadravam com o CEN vigente, assente na secular vocação atlântica portuguesa e na defesa, exploração e desenvolvimento dos territórios coloniais (pouco tempo depois, ultramarinos).

No discurso da tomada de posse da Comissão Executiva, Salazar deixara entender a missão de Caetano: "depois de 20 anos de doutrinação e de exemplificação de um Estado nacional de todos e para todos os portugueses, temos visto como persistem antigos hábitos mentais, velhas posições ou atitudes de partido e guerra civil."[95] Marcello aceitara o repto na expectativa de "cumprir a dupla missão de que [se] julgava investido: representar a opinião do País junto do

---

[90] ANTUNES, José Freire, *Salazar Caetano, Cartas Secretas: 1932-1968*, p. 43.
[91] CAETANO, Marcello, *idem*, p. 277. Destaca ainda que "a circunstância de não ter estado presente na Metrópole durante a infeliz campanha eleitoral de 1945 beneficiava-me: e não menos o comando que, por força das circunstâncias, tinha assumido da reacção dos elementos governamentais contra o ataque da oposição."
[92] *Idem*, p. 289.
[93] *Idem*, p. 287.
[94] *Ibidem*.
[95] *Idem*, p. 291.

governo, esclarecer essa opinião sobre os atos [sic] deste." O equívoco tendia a constituir-se em hábito entre os dois políticos. O "chefe" controlava habilmente o "benjamim" usando-o. Este "militava", mas numa posição cada vez mais incómoda: "os dois anos, contados quase dia a dia, durante os quais estive à testa da União Nacional, constituem um período difícil da minha vida pública, que preferia não recordar..." Um aspecto, porém, não tinha retorno: Caetano não mais podia "calar honestamente as [suas] divergências de Salazar".[96]

A preponderância do chamado "partido militar" cresceu nestes anos, denunciando uma tendência permanente do salazarismo: em momentos de instabilidade política, optou sempre pelo "endurecimento", no sentido conservador. Ao aproximar das eleições de 1949, Marcello compreendeu "que seria afastado da vida governamental", lamentando-se por Salazar o receber pouco.[97] Este vinha de uma série de "intentonas" ao seu consolado e perante a insistência de Caetano em demitir-se e abandonar a política activa, responde: "todos me querem deixar".[98] Segundo expressão de Manuel de Lucena, Salazar "entala-o" e pressiona-o a materializar as críticas preparando as eleições, apresentadas pelo primeiro como sendo "tão livres como na livre Inglaterra". Marcello faria exigências e conseguiria a nomeação de homem da sua confiança para o Ministério do Interior (MI).

Contudo, quando seria previsível, após as eleições, o afastamento de Caetano da vida política, eis que Salazar o convida para nova "missão": presidir à Câmara Corporativa (CC). Como o próprio afirmou, "começava assim um novo ciclo de colaboração com o Dr. Salazar."[99] O acordo permanecia o mesmo: Marcello controlado servindo o "chefe". Mas não passaria muito tempo "sem que aparecesse um incidente que poderia ter posto em risco outra vez as [...] boas relações."[100] O motivo: o "problema corporativo".

Algum tempo antes das eleições de Novembro de 1949, Salazar dava um sinal de reconhecimento às críticas efectuadas por Marcello ao "falhanço" do corporativismo. Em discurso de 20 de Outubro de 1949 admitia que "a falta maior, embora justificada, está numa espécie de paragem que a organização

---

[96] *Idem*, pp. 293-294.
[97] *Idem*, p. 294.
[98] *Idem*, p. 303. Até 1951 são constantes os "lamentos" e "ameaças" de Salazar no sentido de abandono do governo, numa atitude quase adolescente de perscrutar os apoios com que podia contar para continuar. No discurso de agradecimento ao "beija-mão" prestado por Professores da Universidade de Coimbra em 1948, na comemoração do 20º aniversário de salazarismo, confessa-lhes que "em todo o caso, em todo o caso espero ansioso o momento de regressar...". Em SALAZAR, António de Oliveira, *Discursos e notas políticas*, vol. IV, p. 322.
[99] CAETANO, Marcello, *Minhas Memórias de Salazar*, p. 339.
[100] *Idem*, p. 340.

[corporativa] sofreu durante anos e nos desvios, tanto de pensamento como de ação [sic], que sofreu sob a imposição de circunstâncias conhecidas"[101]. A solução preconizada foi a criação do Ministério das Corporações (MC). Nova desilusão para o recém-nomeado presidente da CC.

Desde o início formal do Estado Novo, em 1933, que Caetano "começava a ser consultado como jurisconsulto e a ser solicitado para o apostolado das novas ideias corporativas."[102] No princípio de 1950 foi procurado por um grupo de estudantes para proferir uma palestra sobre os problemas abordados pelo presidente do Conselho. Não perdeu a oportunidade e pronunciou-se sobre a "Posição atual [sic] do Corporativismo Português". Ou seja, respondeu à proposta de Salazar. Começando por fazer uma estruturada reflexão acerca da evolução das revoluções, quando entrou no tema central foi extremamente objectivo: "eu penso que num regime corporativo não há lugar para o Ministério das Corporações." E esclarece o aparente paradoxo: "todos os ministérios têm de ser das corporações, o sentido de deverem proceder com espírito corporativo e em íntimo contato, em perfeito entendimento, com os organismos corporativos. [...] Por isso me parece tão inconveniente o Ministério das Corporações no regime corporativo, como seria um regime liberal com um Ministério da Liberdade." Foi o maior "escândalo" do "rebelde incorrigível" para os salazaristas consagrados. Mas Salazar, sem "melindre", mantendo a "sua superioridade", mostrou simplesmente "que quem mandava era ele" e criou o MC.[103]

No ano seguinte, em 1951, o presidente do Conselho opta por accionar o dispositivo constitucional que previa a possibilidade de a Assembleia Nacional (AN) poder antecipar em cinco anos a revisão da Constituição de 1933. O objectivo era eliminar o AC e integrar as suas disposições na constituição, reformulando a terminologia. Regressava-se às "províncias ultramarinas" em detrimento das "colónias". O "Império Colonial" cedia lugar ao "Portugal uno e indivisível do Minho até Timor"[104]. Salazaristas como Armindo Monteiro mostravam-se relutantes em relação a qualquer alteração estrutural do salazarismo, mas "as circunstâncias internacionais, em que preponderava a onda

---

[101] SALAZAR, António de Oliveira, *Discursos e notas políticas*, vol. IV, p. 425.
[102] CAETANO, Marcello, *idem*, p. 59.
[103] *Idem*, p. 345.
[104] Desde a sua entrada em vigor que o Acto Colonial fora duramente criticado por representar uma regressão conceptual. Entre os maiores críticos encontrava-se o general João de Almeida, que, apesar de alinhar com o regime, afirmava que "numa concepção rigorosa de unidade imperial o termo 'Colónia' está deslocado. Portugal não tem colónias – no sentido em que se toma o termo na legislação internacional – mas sim províncias ultramarinas". Em ALMEIDA, general João de, *Nacionalismo e Estado Novo*, Conferência realizada no teatro de São Carlos em 26 de Maio de 1932, separata do nº 84 do Boletim Geral das Colónias, Lisboa, 1932, pp. 46-47.

da descolonização, aconselharam a adopção do caminho traçado."[105] Salazar, mantendo-se fiel à gestão que vinha fazendo da política externa, explorava até ao limite a posição que a defesa do regime exigia e a conjuntura internacional consentia. E no limite permaneceria até ao fim.

Em plena discussão (ou confirmação) na AN da proposta de lei de revisão constitucional, no dia 18 de Abril, o presidente Carmona falece. O desaparecimento do principal sustentáculo de Salazar vem ocasionar novo momento crítico para o regime. Desta feita são os (ainda numerosos) monárquicos que se apresentam na primeira linha da oportunidade política. Mas, agora como no discurso de 23 de Novembro de 1932, Salazar mantinha a posição de "que a experiência feita pela Ditadura portuguesa deve esclarecer a muitos olhos a importância decisiva que no assunto têm, não as formas externas, mas os conceitos profundos do Poder e da governação pública e a organização dos poderes do Estado"[106]. Conquanto que o salazarismo estivesse seguro, a "forma externa" era irrelevante. Tanto servia um rei absoluto distante como um presidente inerte. Sem confrontar directamente os monárquicos, entretinha-os com o argumento de que "não era oportuno restaurar naquele momento a Monarquia"[107].

Invariavelmente, Caetano mobilizou-se no sentido de "resolver os problemas da vida política nacional" e defendeu aguerridamente a tese de que tinham um regime e por ele se deviam conduzir. Já não se vivia, dizia ele, numa "situação" provisória. Desta feita, não defende Salazar para defender o regime em cuja construção trabalhara, mas sim o regime que também era seu para o libertar do salazarismo. Propõe-se o "intérprete principal" da corrente que pretendia remeter Salazar para a Presidência da República (PR), afastando, convenientemente, "qualquer suspeita de ambição pessoal misturada no caso"[108]. Salazar, obviamente não se demitiu. Deixar a PCM para se emoldurar em Belém não o beneficiava com nenhuma vantagem a não ser em acréscimo de trabalho. Avançou Craveiro Lopes, que oferecia suficientes garantias de fidelização ao "chefe".

Restabelecido da crise, Salazar tornou-se "mais fechado e cerimonioso"[109] com Caetano. Este retribuiu exprimindo "honestamente" as suas posições (divergências) políticas. O egrégio "discurso de Coimbra" foi um ponto alto. No III Congresso da UN, em 22 de Novembro de 1951, Caetano, alinhado com a orientação superior, liquidou a questão monárquica. Mas, após assumir por Salazar a frontalidade que este não assumia porque não lhe convinha ("alimen-

---

[105] CAETANO, Marcello, *Minhas Memórias de Salazar*, p. 355.
[106] *Idem*, p. 369.
[107] *Idem*, p. 376.
[108] CAETANO, Marcello, *Minhas Memórias de Salazar*, p. 377.
[109] *Idem*, p. 382.

tando um equívoco pernicioso"[110], segundo Caetano), confrontou os salazaristas incondicionais com uma heresia inadmissível para o virtualismo em que militavam: "por muito que ela nos desagrade, a hipótese é inevitável: Salazar não é imortal... A continuação do Estado Novo para além de Salazar não constitui problema justamente porque existe a sua doutrina e a sua obra."[111]

Mais importante do que a óbvia autopromoção ao "delfinato", Caetano preparava a Nação para a dissociação entre o regime e o seu carismático "chefe", porque "um homem comum, ainda que experiente, sabedor e devotado ao bem público" – por certo ele próprio – haveria seguramente de garantir a (des)continuidade de Salazar e a continuidade do Estado Novo, porque existia a sua doutrina e a sua obra (também dele, Caetano).

---

[110] Idem, p. 475.
[111] Idem, *Páginas Inoportunas*, pp. 177-179.

II CAPÍTULO
DESCONTINUAR SALAZAR

2.1. O risco sempre eminente da tirania
No mesmo Congresso da UN (III) em que Caetano conquistou definitivamente a inimizade dos monárquicos, Salazar, saído vitorioso de mais uma crise que feriu o regime, considerou, no discurso de 22 de Novembro, "como a maior virtude do regime poder dotar o País de uma governação estável pela força dos seus princípios e pelo jogo equilibrado das suas instituições."[112] Jogo, aliás, no qual não admitia rivais. O cuidado aqui empregue na afirmação não se verificaria um mês depois, na inauguração da Ponte Marechal Carmona, quando confirmou que "temos reduzido ao mínimo o imprevisto na política portuguesa"[113]. Numa palavra: imutabilidade. No dia 3 de Maio de 1952, na reunião da tomada de posse dos novos presidentes das comissões distritais da UN, nomeados em Coimbra, alertava-os para que "não discutamos, pois não há nada mais inútil que discutir política com políticos". Isto porque, justificava, era preferível "ilustrar-nos com os resultados por uns lados e outros conseguidos ou não conseguidos."[114] Ainda no discurso de 3 de Maio, interpreta, enquanto "representante do interesse permanente", "o vasto campo deixado livre" [certamente pela ausência de discussão] como sendo propício "mais ao estudo e à competência dos técnicos do que às fantasias dos ideólogos ou às improvisações dos aventureiros."[115]

A mutação na conjuntura internacional provocara a radicalização do que para Salazar, porventura, era intencionalmente apenas a fidelização ao "inte-

---
[112] SALAZAR, António de Oliveira, *Discursos e notas políticas*, vol. V, p. 62.
[113] *Idem*, p. 76.
[114] *Idem*, p. 86.
[115] *Idem*, p. 86 e 87.

resse permanente". Nas *Minhas Memórias de Salazar*, Caetano faz o póstumo elogio, definindo-o como um "católico sincero", que "não hesitou nunca em defender os direitos do Estado."[116] No entanto, em 19 de Abril de 1952, na cidade de Braga, lembra "o risco sempre iminente da tirania", "que só uma forte disciplina decorrente da consciência da sua origem e função [do poder]"[117] pode evitar. A Constituição de 1933 era essa origem. A ausência de legitimidade popular ou democrática, característica de qualquer ditadura, mas sempre recusada pelo regime (que justificava essa suposta legitimidade com, por exemplo, as grandes "manifestações espontâneas"), era compensada pela observância do Direito. E se Salazar tinha uma visão instrumental daquele, sujeitando-o, sem comprometer o necessário legalismo, ao exercício do poder, Caetano, por seu lado, tinha uma noção sacramental, respeitando-o escrupulosamente. Aliás, era um homem do Direito, ao qual dedicara toda a sua vida profissional. Esta divergência, subliminarmente perceptível, revelar-se-ia extremamente importante.

Marcello continuava, no entanto, a alimentar a crescente tendência nas relações com Salazar: servia, mas avisava; alinhava, mas não concordava. A habitualidade que caracterizava o Estado Novo favorecia sobremaneira a constância do equívoco. Como mais tarde reconheceria, "o Dr. Salazar não queria instaurar um regime, mas sustentar um equívoco."[118]

Em Julho de 1952, talvez como prémio e reconhecimento público dos serviços prestados no ano transacto, e certamente em novo recurso à velha táctica política salazarista de promover para neutralizar, Caetano foi nomeado membro vitalício do Concelho de Estado (CE). A fama de "liberal" e de liderar uma suposta "esquerda" do regime podia a qualquer momento ganhar uma proporção assustadora, convinha por isso comprometê-lo o máximo possível com o regime (salazarismo) com o menor poder possível (de Salazar).

A colaboração entre ambos prosseguiu no I Plano de Fomento (PF). Este constituiu muito mais do que um conjunto de investimentos em infra-estruturas indispensáveis para o ambicionado crescimento económico. No discurso de exposição do plano, em 28 de Maio de 1953, no Palácio da Foz, Salazar definiu os "pressupostos ou condições" essenciais para a sua realização, recorrendo à usual fórmula simplista, mas eficaz, dos grandes lemas: "Paz externa, estabilidade económica, disciplina administrativa, são as condições que subordinam a execução dos princípios gerais que inspiram o Plano de Fomento".[119]

[116] CAETANO, Marcello, *Minhas Memórias de Salazar*, pp. 410-419.
[117] CAETANO, Marcello, *Princípios e Definições*, p. 147.
[118] Carta de Caetano a Fernando dos Santos Costa, 12 de Agosto de 1965, cit. em ANTUNES, José Freire, *Cartas Particulares a Marcello Caetano*, vol. I, pp. 20-21.
[119] SALAZAR, António de Oliveira, *Discursos e notas políticas*, vol. V, p. 123.

Tal como conveio adaptar o movimento ao "pensar geral", porque "o mundo todo assentou em que a existência de partidos é o sinal exterior ou a prova provada da existência de instituições livres", convinha também elucidar o "pensar geral" acerca dos esforços do regime em criar condições para o desenvolvimento económico do país através da iniciativa privada, que no pós-II GM e em plena Guerra Fria, mais do que confundir-se com capitalismo, confundia-se com democracia. No mesmo discurso do Palácio da Foz, Salazar confirmou o intento. Afirmou que "os Estados vão escorregando pelo plano inclinado do socialismo" e que assistia "ao fenómeno com preocupação mas sem surpresa": "surpresa – justificava – tenho-a só de ver as democracias impelir as coisas no mesmo, porque não se me oferecem dúvidas de que, além de tender à corrupção dos governos, o poderio económico do Estado só se cria e mantém com detrimento da liberdade individual."[120] Á inevitável questão sobre qual seria o papel do governo, esclareceu que será o de "fomentar a criação das empresas, apoiá-las técnica e financeiramente, ditar-lhes regimes adequados de exploração... e retirar-se, quando não seja necessária a sua presença ou o seu auxílio." O que, dado o extenso caderno de encargos atribuído ao governo, dificilmente se poderia verificar.

Após 1945, Salazar provou que não tinha relutância em abdicar de alguns "interesses permanentes" ante a imposição das reconfigurações internacionais. A adesão à OECE e a assinatura do Pacto do Atlântico, já referidos, foram essas "imposições" e o necessário enquadramento para a realização do I PF. A primeira contribuiu para a conveniente "estabilidade económica" e a segunda permitiu "que não se sacrifiquem as economias a incomparáveis esforços de defesa"[121].

Caetano esforçou-se por satisfazer a vontade de Salazar em suscitar um amplo debate (dentro das instituições do regime) sobre o PF. Mas pretendia ir mais longe, no sentido de mobilizar o regime para a necessidade de desenvolver o país economicamente e para a necessidade de vencer uma fatalidade que acompanhava, mais do que o regime, o próprio país: "a resistência dos interesses era superior ao impulso do Poder."[122] Em 26 de Maio de 1957, exprimindo uma certa desilusão em relação à resposta do sector privado ao PF, reconhecia, desapontado, que "é um facto que o capital português é excessivamente tímido e impaciente, preferindo as aplicações já conhecidas e reputadas seguras á aventura de uma empresa nova."[123]

---

[120] SALAZAR, António de Oliveira, *Discursos e notas políticas*, vol. V, p. 117.
[121] *Idem*, p. 118.
[122] CAETANO, Marcello, *Minhas Memórias de Salazar*, pp. 420-423.
[123] CAETANO, Marcello, *Princípios e Definições*, p. 73.

O envolvimento de Caetano na elaboração e execução do I PF permitir-lhe--ia contactar com jovens economistas, empresários e técnicos (no seu conjunto, ficariam mais tarde conhecidos por "técnocratas"), que iriam projectar naquele as esperanças de uma liberalização (económica) do regime, contribuindo para a consolidação definitiva da fama "liberal" de Caetano e do seu informal "partido". Este aperceber-se-ia do potencial que se congregava em seu torno e, porque era mais fiel à legalidade do que aos "interesses permanentes" salazaristas, prossegue a descolagem do Estado Novo em relação ao salazarismo. Em 2 de Novembro de 1953, durante a campanha eleitoral para a eleição da AN, declarou o seguinte: "não se pode exigir que um país seja sempre governado por um homem de génio: mas pode-se esperar da união dos portugueses em torno do seu Chefe de Estado que seja facilitada em todos os tempos aos governantes, sejam eles quais forem [ressalva interessante], as tarefas árduas da direcção do País na medida em que procedam com recta intenção de realizar o bem comum."[124]

Contudo, Salazar, enaltecendo "a campanha contra o analfabetismo e o Plano de Fomento", confirmava que "só a vida política pode suscitar objecções."[125] Podia, mas o próprio as invalidava antes de surgirem, referindo-se à "relatividade das instituições políticas e portanto da legitimidade com que as nossas oferecem feição especial: autoridade sem arbítrio, representação sem parlamentarismo, liberdades que, para serem efectivas, não têm de chamar-se democráticas." (Não têm, provavelmente, porque não podem) Não se coibindo de ler o pensamento dos que apelidava de "melhores", dizia que contemplavam o seu Portugal "com evidente simpatia e, embaraçados nos seus preconceitos de escola, dão a impressão de pensar: não há dúvida de que é assim que está bem"; e, imediatamente a seguir, concluía com uma frase de facto indesmentível: "mas que pena não ser de outro modo!"[126]

Ao crescente autismo político de Salazar, Caetano contrapunha o seu desencanto. Igualmente, fiel á tradição instituída entre ambos, trabalhava mas criticava. Outras vezes, o inverso. Numa missiva de Janeiro de 1955, dizia que "as coisas públicas" o encantavam "cada vez menos, embora mau grado meu me preocupem cada vez mais."[127] Dizia não compreender "porque se parou de todo nas coisas corporativas", e que "este abandono de tudo, este deixar correr não podem ter senão efeitos perniciosos." Mais, pressentia que se está "à beira de um momento crítico: sente-se a desorientação do nosso lado e há

---

[124] Idem, p. 38.
[125] SALAZAR, António de Oliveira, *Discursos e notas políticas*, vol. V, p. 140.
[126] Idem, p. 141.
[127] ANTUNES, José Freire, *Salazar Caetano, Cartas Secretas: 1932-1968*, p. 359.

sorrisos de confiança em quantos esperam sempre as ocasiões de ataque." Invariavelmente, oferece-se para "dar novo impulso à vida política portuguesa." Salazar responde o seguinte: "sabe que só por me sentir afogado em problemas e preocupações da administração corrente, cada vez mais pesada, não tenho dado o impulso decisivo que se impõe nesse sector. Esperemos que brevemente me possa ocupar dele, para o que desde já agradeço a sua imprescindível e preciosa colaboração."[128] Caetano limitou-se a retorquir que "talvez não dure muito a oportunidade de preparar em relativa calma a orgânica das Corporações."[129]

Naturalmente, Salazar não dava o impulso decisivo não por se sentir afogado na administração, pois estas eram as suas 'águas' preferidas, mas porque cada vez lhe interessava menos quebrar a ambígua e intencional suspensão do Corporativismo. A incapacidade de Salazar em ceder e alterar o *status quo* que alimentara e suportava o exercício pessoal do poder justificava, mais do que um hipotético e visível endurecimento do regime, o aviso de Caetano para "o risco sempre eminente da tirania". Embora também deva ser entendido como mais uma manifestação de independência crítica em relação ao salazarismo e, por consequência, de demarcação política.

O "problema corporativo" acentuava-se e a impaciência de Caetano em relação ao tema crescia. Os encontros preliminares ao convite para o Ministério da Presidência (MP) demonstram a real importância do problema no universo salazarista. Com o objectivo de auscultar Caetano e de novamente o comprometer num cargo político inócuo, propôs como pretexto para o conselho privado "examinar o problema da criação das corporações"[130]. Apenas como pretexto.

Nesses anos de 1954 e 1955 iria ter início a luta diplomática em torno da questão de Goa, que culminaria na invasão indiana em Dezembro de 1960[131]. Salazar, que vinha dedicando-se prioritariamente á política externa, via agora novas e conturbadas 'águas' em que se 'afogar', obtendo novo motivo, que não pretexto, para justificar a marginalização das questões internas com que Marcello o pressionava. Enquanto isso, este continuava empenhado (entretido, na óptica de Salazar) na luta por aquela que acreditava ser (ainda) a solução política mais conveniente para o país – o Estado Novo.

---

[128] *Idem*, p. 360.
[129] *Idem*, p. 361.
[130] CAETANO, Marcello, *Minhas Memórias de Salazar*, p. 450.
[131] CAETANO, Marcello, *idem*, pp. 428-446. SALAZAR, António de Oliveira, *Discursos e notas políticas*, vol. V, pp. 185-299. Caetano sempre defendera uma intensificação das negociações com a União Indiana. Conselho que Salazar sempre rejeitou.

2.2. Estado Novo: a solução mais conveniente

Em 19 de Janeiro de 1956, no acto de posse dos presidentes das comissões distritais e de membros de outros órgãos superiores da UN, Salazar discursou sobre a "actuação do regime" da Nação. Na realidade, relembrava o que era o salazarismo, que "preside há três dezenas de anos aos destinos deste país", o qual, dizia, "tem sido, no [seu] modo de ver, predominantemente governativ[o] e deficientemente polític[o] – ou, por outras palavras, sacrifica por princípio a política às conveniências ou necessidades do governo."[132] Com a forte e determinada discursividade que o caracterizava, esclareceu que "a necessidade do governo é intuitiva – confunde-se praticamente com a da autoridade em toda a sociedade humana." Como também facilmente se intui, esta era a concepção que justificava e se enquadrava com o salazarismo. Prosseguindo o discurso, confirma o pragmatismo e particularismo em que governava, "dando às grandes correntes doutrinárias o valor relativo que geralmente têm", do que concluía que "não há mesmo fórmulas possíveis de compromisso – os problemas ou se resolvem ou não."[133]

Marcello Caetano, comprometido com "o homem de génio" que monopolizava o poder, não saía muito fora da linha oficial perante a elite salazarista. Na sessão plenária do IV Congresso da UN, em 2 de Junho de 1956, defendeu como "necessária a existência de um órgão que disponha da suficiente independência para agir como árbitro, fazendo a transmutação do conjunto indistinto das aspirações particulares em termos de interesse geral para depois ser a vontade firme que realiza! Esse órgão era o governo: – «um governo que governe» num estado apto a actuar."[134]

Contudo, no mesmo ano de 1956, na sua obra *Problemas Políticos e Sociais da Actualidade Portuguesa*, sobressai o intelectual, professor de Direito, que procura analisar os problemas o mais ampla e minuciosamente possível. Aí refere que "um governo tem de trabalhar com os dados sociais do país governado e não pode abstrair da índole do povo, da estrutura económica, das possibilidades da Natureza, do espírito de empreendimento da gente, da quantidade e qualidade dos quadros e de tantas, tantas coisas mais!"[135] Ainda em 1956, em conferência no Centro de Estudos Políticos e Sociais (CEPS) da UN, menciona que os detentores do poder não o podem exercer "sem olhar as leis naturais ou jurídicas e sem ter de atender ao interesse geral."[136]

---

[132] SALAZAR, António de Oliveira, *Discursos e notas políticas*, vol. V, p. 305.
[133] Idem, pp. 306 e 307.
[134] CAETANO, Marcello, *Princípios e Definições*, p. 65.
[135] CAETANO, Marcello, *Princípios e Definições*, p. 81.
[136] Idem, p. 148.

Claro defensor de um regime verdadeiramente constitucional (Constituição de 1933) e institucional (Estado Novo Corporativo), da prevalência das instituições sobre o indivíduo[137] e de uma despersonalização do poder, aguardava, como muitos, que o "homem de génio", "que não havia de durar para sempre", desse efectivamente lugar ao Estado Novo. Nesta óptica se deve enquadrar, mais do que por seguimento incondicional do Chefe, a sua última integração num governo liderado por Salazar. O discurso da tomada de posse como ministro da Presidência é uma autêntica profissão de fé ao Estado Novo. Começou por dizer que não estava na política para fazer carreira, mas que seria incapaz de recusar o seu esforço, "modesto que seja, quando esteja em causa o conjunto de ideais, de princípios e de instituições que se convencionou chamar «Estado Novo» [porque na realidade seria outra coisa...] e continuo – disse Marcello – firmemente convencido de que constitui a solução mais conveniente para assegurar a paz, o progresso e até a integridade da nação portuguesa."[138] Sobre Salazar, nem uma palavra. Mais adiante, afirmava: "estou ligado a esses ideais e a esses princípios nos seus aspectos essenciais, desde que comecei a pensar; e o estudo, a reflexão e a experiência, se corrigiram alguns excessos juvenis[139], só vieram confirmar em mim as convicções de sempre. [...] Para mim, na medida em que podem aceitar-se as verdades políticas, o que há de essencial na concepção portuguesa do Estado Novo é uma verdade política em que é preciso acreditar e ao serviço da qual têm de pôr-se todas as energias da vontade. Os tempos e as circunstâncias exigem, certamente, adaptação e correcção dos princípios, mas isso mesmo é sinal da sua vida, da sua perenidade e da sua fecundidade."[140]

O processo que conduz ao convite e aceitação de Caetano para o exercício do cargo de ministro da Presidência, segundo a discrição apresentada pelo mesmo nas *Minhas Memórias de Salazar*[141], concorda com o discurso da tomada de posse e com a seguinte ideia: Marcello não mais seguia ou desejava servir

---

[137] Em *Problemas Políticos e Sociais da Actualidade Portuguesa*, diz o seguinte: "O ideal seria que a realização do interesse geral resultasse da soma da satisfação dos interesses particulares dos indivíduos ou das classes. Mas sabemos que isso é impossível. Os interesses particulares são muitas vezes incompatíveis entre si, opõem-se uns aos outros e aparecem formulados em termos tão ambiciosos, de tal modo subtractivos em relação à colectividade, que admiti-los corresponderia à própria dissolução social.". CAETANO, Marcello, *idem*, p. 95.
[138] Idem, *Princípios e Definições*, p. 164.
[139] Talvez se esteja a referir à *Ordem Nova*, em que militou nos anos 20, que, como já foi referido, se declarava "antimoderna, antiliberal, antidemocrática, antibolchevista e antiburguesa; contra-revolucionária; reaccionária; católica; apostólica e romana; intolerante e intransigente".
[140] *Idem*, p. 165.
[141] Idem, *Minhas Memórias de Salazar*, pp. 450-455.

Salazar, mas sim o projecto político intitulado por Estado Novo. Salazar, mais uma vez, "muito hábil" e tocando-lhe "no ponto fraco", encurralou-o no cargo político que, simultaneamente, mais o comprometia com ele e mais comprometia a crescente emancipação de Caetano. Este ter-lhe-á dito mesmo, na última conversa havida entre ambos antes de Salazar o constranger a aceitar, o seguinte: "tenho bastante personalidade e uma posição marcada demais para ser o colaborador ideal de V. Excia. Toda a gente espera que eu faça coisas e seria uma decepção se me reduzisse ao papel de chefe de gabinete, que é uma das maneiras de conceber a função de Ministro da Presidência e sem dúvida a mais discreta, a mais segura, a que tem menos riscos de criar atritos."[142] O que, realmente, se aproximaria da concepção de Salazar e dos seus objectivos. Prosseguindo, realçou que surgiriam assuntos que tinha necessariamente que chamar a si, como a "conclusão do sistema corporativo e a criação das corporações", e que "poderiam dizer para aí que escolhera um sucessor". A estas observações, "Salazar encolheu os ombros e observou ser-lhe indiferente que pensassem isto ou aquilo. Aliás alguém havia de lhe suceder um dia, ele não ficaria eternamente no Governo: mas, fosse quem fosse, o seu sucessor só seria escolhido oportunamente..."[143]

Objectivamente, Caetano voltava ao governo num cargo inócuo do ponto de vista político e, de forma aberta e definitiva, colocava-se a questão do "delfim". Segundo o póstumo lamento, Caetano deixou-se assim "enlear num enredo que ia amargurar-[lhe] a vida por bastantes anos."[144] Para tal, contribuíra a forma ardilosa com que Salazar, ao aperceber-se de que teria "havido alguma combinação entre [Caetano] e Craveiro Lopes", o que muito "o melindraria", arrancou a confissão ao presidente da República (á matreira pergunta de Salazar, referindo-se a Marcello, de que "seria então o delfim...", Craveiro Lopes ingenuamente respondeu: "e por que não?"). Facto que "iria ter grande influência [...] no próprio futuro do General..."[145] Como se verificaria, Salazar encostou Craveiro Lopes apenas em cima da hora, em 1958, temendo que até lá este exercesse os poderes que a constituição lhe concedia.

---

[142] *Idem*, pp. 453-454.
[143] *Idem*, p. 454.
[144] *Idem*, p. 455.
[145] *Idem*, p. 452.

A candidatura informal de Marcello ao "delfinato" veio desencadear uma situação extremamente delicada, quer interna[146] quer externamente[147], que favorecia a virtualidade da expectativa política e atenuava o peso da realidade – a mesma realidade. Invariavelmente, Salazar permanecia no controlo dos acontecimentos nas águas turvas da ambiguidade. Aliás, a resposta que deu ao pedido de Marcello para que "definisse o que [lhe] competia fazer", é a esse nível exemplar: "não vale a pena: os papéis podem ser despachados por mim ou por si, como calhar. O senhor pode decidir tudo, como eu. Um ou outro – é igual..." Incontestavelmente, "a resposta foi amabilíssima, mas insatisfatória"[148].

Uma vez no governo e apesar das limitações, Caetano não perdeu de todo a oportunidade para trabalhar em prol do Estado Novo. Para além dos serviços pedidos directamente por Salazar e nos quais trabalhou em conjunto com ele[149], Caetano deixou a sua marca no campo social (em conexão com o ministro das Obras Públicas eliminou as chamadas "ilhas" no Porto – núcleos degradados no coração da cidade), no campo cultural (organizou a exposição "30 Anos de Cultura", em 1956, e a delegação portuguesa à Exposição Internacional de Bruxelas, em 1958) e no cada vez mais importante domínio da comunicação (Caetano esteve associado à fundação da RTP e foi, num acto repleto de intencionalidade política[150], o primeiro político e membro do governo a discursar perante as câmaras de televisão em Portugal). O seu projecto mais simbólico seria, curiosamente, o aparentemente menos bem sucedido: o projecto de Lei da Imprensa.

A iniciativa política da abolição da Censura, substituindo-a por um apertado sistema repressivo (judicial), foi uma das manobras políticas de Caetano,

---

[146] "A experiência mostrou-me – diz Caetano – que ninguém gosta, quando exerce um lugar de mando, de ver designado, ou só apontado que seja, o seu sucessor. E quanto mais tempo dura a posse da autoridade e quanto mais idade soma o que a detém, menos suporta a idéia de que o seu prestígio seja partilhado e até, porventura, a sua posição diminuída. [...] Por outro lado a posição de *delfim* é extremamente incômoda. Os adversários do Governo, cansados de atacar um governante há largos anos, sem êxito, encarniçam-se com entusiasmo sobre a nova presa, tentando impedir a continuidade do regime a que fazem oposição. Mas se o atacado cai em assumir as responsabilidades que lhe assacam, para se defender, aqui-del-rei que está a querer transformar-se na personagem número um... A qual vê com alívio um outro a ser alvo das críticas, embora sempre desconfiado dele, desconfiança alimentada pelo círculo dos seus fiéis prontos a notar nas atitudes do outro manifestações de deslealdade ou de ambição..." *Idem*, p. 452.
[147] "Era visto em diversos países aliados como o natural herdeiro de Salazar". Em ANTUNES, José Freire, *Salazar Caetano, Cartas Secretas: 1932-1968*, p. 70.
[148] CAETANO, Marcello, *idem*, p. 456.
[149] Vide correspondência entre ambos de Novembro de 1955 a Agosto de 1956, em ANTUNES, José Freire, *idem*, pp. 371-379.
[150] Como confessou nas *Minhas Memórias de Salazar*, "sabia, desde o início, que era o instrumento ideal para um Governo se tornar popular". P. 472.

ao contrário do projecto em si, mais conseguidas. O projecto "andou para trás e para diante"[151], sem ser levado a sério, como diz Freire Antunes, porque, obviamente, não podia ser levado a sério por Salazar e pelos salazaristas e porque o próprio Caetano não fazia questão disso. Se passasse, passava. Se não passasse, tanto melhor. O facto de este aparente fracasso não integrar o extenso rol de lamentos e queixas que também constitui as *Minhas Memórias de Salazar*, apenas dizendo que "lá ficou quando deixei o Governo" e de, quando chegou ao poder, ter notado que o mesmo projecto "envelhecera" e que "a Censura nesse momento não podia ser dispensada"[152] por causa da Guerra, demonstram a real intenção de Caetano: seguir à letra a directiva salazarista de se "adaptar ao pensar geral", confirmar-se como "figura de proa" duma propalada ala renovadora do regime (ou "liberal", tanto fazia) e demarcar-se, definitivamente, de Salazar e do cargo politicamente inconsequente que ocupava.

Porém, o aspecto mais marcante do exercício do cargo de ministro da Presidência diz respeito, concretamente, à acção preponderante que Marcello assumiu após o I PF no desenvolvimento económico português e na "abertura" necessária no plano internacional. Como Salazar absorvia por inteiro a direcção política, Caetano respirava por onde podia e no sentido que melhor se enquadrava com a imagem que ganhava. Foi o representante de Portugal nos conselhos de ministros da OECE e da NATO. Circunstância que confirmava a imagem de provável sucessor de Salazar e o colocava na primeira linha da política internacional[153]. Sensível aos novos 'ventos da economia' foi ele quem propôs "as duas soluções" que se apresentavam a Portugal: a "adesão à zona de Livre Câmbio em condições especiais, ou acordo com o Mercado Comum"[154]. A segunda seria, naturalmente, rejeitada em detrimento da primeira, por decisão numa restrita reunião de ministros (Finanças, Estrangeiros e Presidência), em 20 de Setembro de 1957, segundo refere Marcello nas *Minhas Memórias de Salazar*. Ainda assim, empenhar-se-ia significativamente na elaboração do II PF (1959-64).

O empenhamento do outrora jovem radical da *Ordem Nova* na modernização e (contida) liberalização económica do país (entenda-se, regime), contrastava sobremaneira com a imagem ruralista (por vezes exagerada) atribuída a

---

[151] ANTUNES, José Freire, *idem*, p. 71.
[152] CAETANO, Marcello, *idem*, p. 471. Aliás, enquanto responsável por esse mesmo organismo, em Dezembro de 1955 deleitar-se-ia, podemos supor, sobremaneira ao ordenar o corte de afirmações de Santos Costa. In ANTUNES, José Freire, *idem*, p. 372.
[153] Referindo-se aos Conselhos de Ministros plenários da NATO, escreveu a seguinte observação: "Humberto Delgado lá andava à nossa roda, sempre reverente com o Ministro da Defesa e afectuoso para comigo, a quem tinha a preocupação de apresentar aos seus amigos estrangeiros como – 'Vice-Primeiro Ministro'". Em CAETANO, Marcello, *idem*, p. 494.
[154] CAETANO, Marcello, *Minhas Memórias de Salazar*, p. 490.

Salazar[155] e parecia confirmar o discurso sistematicamente adoptado a partir da tomada de posse como ministro em 1956[156]. As necessárias "correcções de princípios" às "convicções de sempre" não eram mais do que, logicamente, a luta pela sobrevivência política da "solução mais conveniente" (e de ele próprio).

Pese embora ter ficado "varado" quando viu cortar para quase metade o valor inicialmente proposto (40 M cts), o II PF foi, globalmente, um enorme sucesso. Numa perspectiva estritamente económica, o II PF foi fundamental para o notável desenvolvimento económico português verificado na década de 1960 e, sobretudo, entre 1968 e 1973. Na perspectiva do regime foi a "liberalização" necessária e não mais que a necessária[157]. Na perspectiva de Marcello foi a possibilidade de contactar "com lavradores, industriais e comerciantes", um período de "intenso labor, destinado a dar impulso à economia do País" e a colocá-lo na posição política ideal para a sucessão: reunia a maior e mais vasta experiência governativa, congregava o maior leque de simpatias (prestígio) e conhecimentos (dentro e fora dos grupos que colaboravam com o regime) e era o único que parecia oferecer um verdadeiro projecto político capaz de agradar a gregos e a troianos – mais tarde sintetizado na fórmula "Renovação na Continuidade". Duplicidade, aliás, que estaria na origem de parte do "drama" marcelista. Spínola, como veremos, o único que embandeiraria o mesmo lema, protagonizaria o último acto desse drama.

Em Maio de 1957, num tom já de campanha e contra um hipotético regresso, segundo Marcello, da "rixa permanente dos partidos, a excitação constante das paixões, a luta acesa das classes", afirmava que quando se perguntava a si mesmo "se esse caminho [o Estado Novo] continua a ser bom, e para responder analiso a nossa experiência [sobretudo a sua] e a experiência alheia – com toda a sinceridade confesso que a resposta da minha consciência e da minha inteligência é: – Sim!"[158] Os anos seguintes, de 1958 a 1962, seriam a maior prova de

---

[155] Manuel de Lucena disse o seguinte, referindo-se a Salazar: "a propósito de aparecer petróleo em Angola terá dito que «já só me faltava mais essa». Mas isso foi por medo dos interesses estrangeiros." LUCENA, Manuel, *O regime salazarista e a sua evolução*, p. 40.

[156] Quando afirmou, a propósito da adequação do Estado Novo à evolução global, que "os tempos e as circunstâncias exigem, certamente, adaptação e correcção dos princípios". Em CAETANO, Marcello, *Princípios e Definições*, p. 165.

[157] "Esses grupos [económicos] financiavam a Oposição na esperança de obterem melhores condições para fazerem os negócios que o regime lhes não permitia realizar com a facilidade desejada. Repito que os bons empresários encontraram efetivamente nos governos a boa-vontade que mereciam. Mas também depararam com uma autoridade que os continha." Alguns parágrafos antes, explicita de que "liberalização" se tratava afinal: "as negociações internacionais, a que já me referi, da liberalização das trocas, obrigavam a intensificar a criação de novas indústrias e a reorganizar as existentes para as tornar competitivas." Em CAETANO, Marcello, *Minhas Memórias de Salazar*, pp. 512-513.

[158] CAETANO, Marcello, *Princípios e Definições*, pp. 172-173.

fogo de Salazar e do salazarismo. Mas não só. Marcello e o "seu" Estado Novo também seriam provados. O país no seu todo seria provado. Desde o fenómeno Delgado até ao rebentamento do conflito em Angola e à crise académica de 1962, o país de brandos costumes e que vivia habitualmente há décadas despertaria. Como veremos no ponto seguinte, Marcello colocar-se-ia numa posição extremamente particular, na perspectiva da sucessão. As circunstâncias contribuiriam sobremaneira para esse particularismo, bem como revelariam todas as fragilidades do *status quo* vigente sob a Constituição de 1933, habilmente controlado até então por Salazar.

2.3. Uma hora confusa: o regresso à supremacia militar

Em plena campanha eleitoral, em discurso no Porto, a 30 de Outubro de 1957, quiçá contagiado pela "excitação constante das paixões", Marcello afirmou estar-se a viver "uma hora confusa da história do Mundo, uma hora que me permitirei mesmo chamar apocalíptica."[159] Com a dose de verdade que a afirmação possa conter, denota-se a tentativa de projecção internacional sobredimensionada da problemática conjuntura nacional. Tentativa transmudada em tendência a partir de 1961 e crescente até 1974, essencialmente devido à intensa luta diplomática desencadeada pela questão ultramarina.

A "confusão" reinou de facto na elite dirigente salazarista. O processo de cisão política entre a linha dura e militar do regime (liderada por Mário de Figueiredo, Santos Costa e João Lumbrales) e aquela "amável esquerda"[160] (segundo expressão irónica de Marcello para se referir a Craveiro Lopes e a ele próprio), que atingiu o clímax durante o ano de 1957 e culminaria com o afastamento de Craveiro Lopes de uma recandidatura presidencial, foi a principal origem da "confusão". Marcello descreve nas *Minhas Memórias de Salazar* todo o processo[161], que se poderia resumir no seguinte: os salazaristas convictos, perante a onda liberalizante que parecia estar a erguer-se, cerraram fileiras e eliminaram politicamente um presidente com demasiados poderes e menos dogmático do que desejavam. O próprio Salazar, desde aquela conversa com Craveiro Lopes acerca do "delfim", teria hipotecado logo a recandidatura deste à PR.

Também Marcello Caetano seria vítima da "hora confusa" que se vivia. Ao ser instado por um jornalista da *United Press* a comentar a possível discussão da evolução dos regimes ibéricos numa reunião entre Franco e Salazar, Marcello vai proferir uma verdadeira bomba-relógio para o delicado equilíbrio

---

[159] CAETANO, Marcello, *Princípios e Definições*, p. 173.
[160] CAETANO, Marcello, *Minhas Memórias de Salazar*, p. 574.
[161] *Idem*, p. 527-528, 537-549.

"equivoquista"[162], inteligentemente mantido pelo presidente do Conselho: "não existe em Portugal problema de regime e tudo quanto se diga em contrário carece absolutamente de fundamento"[163]. Salazar mandou a Censura cortar a afirmação, criando um grave incidente entre ambos. Entre justificações e desculpas, Caetano deu por terminada a sua carreira política em colaboração com Salazar, este "protestou", mas o saldo é evidente: à entrada para as eleições presidenciais de 1958, o chamado "partido liberal" fora eliminado politicamente e é de todo improvável que isso tenha acontecido contra a vontade de Salazar. Craveiro Lopes manter-se-ia "fiel" até às eleições, "só depois de sair do cargo começou a conspirar."[164] Caetano colaborou na campanha até se posicionar como reserva do regime, à espera que Salazar não durasse para sempre.[165]

O acontecimento mais significativo dessa "hora confusa" de 1957-58 seria, indubitavelmente, a candidatura do mais jovem general português e chefe da Missão Militar Permanente de Portugal junto da NATO – Humberto Delgado – á PR como "Candidato Nacional Independente". Um dia, relata Marcello nas *Minhas Memórias de Salazar*, Delgado, "entusiasmado com a vida americana e o dinamismo das suas instituições", atirou-lhe: "o Salazar está velho, está gasto, está fora de moda! Tem de dar lugar a gente nova!"[166] Esta confissão, associada à que Marcello escreveu no seu *Depoimento* – "Salazar envelhecia e ia perdendo qualidades de doutrinação e de acção"[167] – emite a imagem de conversa entre dois leais servidores do interesse público militantes na referida "amável esquerda", ainda que não houvesse relação muito próxima entre ambos. Até porque será difícil conceber que se pudesse partilhar tal opinião com outras figuras da elite política de então. Pelo menos Caetano esforçou-se por transparecer essa ideia.

A crescente fragilidade política de Salazar, evidenciada em todas estas manobras de bastidores nas cúpulas do poder, era um facto e foi resolvida de forma pragmática: optar pelo mais seguro, ainda que não o mais aconselhável. Ao indiciar a Marcello a decisão de não recandidatar Craveiro Lopes, aquele ter-lhe-

---

[162] CAETANO, Marcello, *Minhas Memórias de Salazar*, p. 536. Expressão utilizada por Caetano, quando instou Salazar a esclarecer definitivamente a questão do regime, por considerar que "não podemos conviver politicamente na base de um equívoco."
[163] *Idem*, p. 531.
[164] *Idem*, p. 575.
[165] A este respeito, é interessante observar a leitura da CIA sobre o posicionamento político adoptado após 1958. Num relatório datado de 14 de Junho de 1962 encontramos o seguinte comentário: "embora Marcello Caetano estivesse de completo acordo com a necessidade de derrubar Salazar, ele não desejava participar activamente nos esforços de derrube." Cit. em ANTUNES, José Freire, *Cartas Particulares a Marcello Caetano*, p. 17.
[166] CAETANO, Marcello, *Minhas Memórias de Salazar*, p. 543.
[167] CAETANO, Marcello, *Depoimento*, Record, Rio de Janeiro, 1974, p. 49.

-á dito que "o país interpretará a decisão que me anuncia como vitória desse partido [militar], o que equivale ao restabelecimento da supremacia militar no Governo." Situação agravada em face da "candidatura do Humberto Delgado com toda a veemência dos seus ataques temperamentais..."[168] O que se verificaria. Quer a "supremacia militar no governo" ou, dito de outro modo, a chamada "viragem à direita" (expressa na escolha de Américo Thomaz como candidato da UN), quer a "veemência" da campanha de Delgado[169].

Salazar não desejava "de maneira nenhuma o regresso à supremacia militar", porque, segundo citação reproduzida nas *Minhas Memórias de Salazar*, "levei 30 anos – afirmou Salazar – a desviar os militares da intervenção na política e a empurrá-los para os seus estudos, a sua instrução, os problemas da sua organização, armamento e equipamento, e não estou disposto a deixar que se perca todo esse esforço."[170] Mas estava disposto, porque o fez. Embora talvez não o desejasse. Até porque, por um lado, representava um regresso à Ditadura Militar. Por outro lado, representava o fracasso do Estado Novo ou, na perspectiva de Marcello, a confirmação de que nunca o fora. Mais ainda, era a confirmação do "equívoco" sustentado por Salazar, que o condicionaria também a ele.

Os aspectos gerais da campanha de 1958 são por demais conhecidos. Interessa destacar o sabor a derrota da vitória de Américo Thomaz[171]. O golpe na imagem internacional do poder político português e do seu líder foi irrecuperável. Também não era em todo novidade. Dez anos antes, um general prestigiado do exército português, Norton de Matos, candidatou-se à PR contra a UN. Haviam então passado dois anos sobre a "depressão" de Salazar e a ameaça de "regressar" a Coimbra e três sobre o fim da II GM. Mas tanto a conjuntura política (interna e internacional) como a correlação de forças (entre Salazar e os militares) mudara substancialmente. O presidente do Conselho ficara refém da opção que fizera[172]. Três anos volvidos, em 1961, sofreria os dissabores da posição em que se colocara.

---

[168] CAETANO, Marcello, *Minhas Memórias de Salazar*, pp. 546 e 548.
[169] Salazar terá desprezado, no início, o impacto que Delgado poderia ter, sobretudo a partir da célebre frase: "obviamente demito-o". *Idem*, pp. 544-545 e 557-563.
[170] *Idem*, p. 546.
[171] "Ao contrário do que aconteceu em 1949, a vitória do candidato da União Nacional não desencadeou uma onda de euforia nas hostes governamentais. A campanha eleitoral deixou no País uma sensação de mal-estar. O prestígio do Dr. Salazar andava por baixo. E os adversários conservavam-se arrogantes, enquanto Humberto Delgado, irrequieto, continuava de um lado para o outro". *Idem*, p. 577.
[172] Em conversa com Salazar para a reformulação governamental de 1958, Marcello relata o seguinte: "evitei o mais possível fazer indicação de nomes. Mas como voltasse a insistir para que desse algum para o Ultramar referi-me a certa pessoa, considerada moderada, isto é, que para o grupo da direita era um homem da tal esquerda. Vivamente Salazar atalhou logo: 'esse não: está fora da linha que decorre

Entretanto, no rescaldo do "furacão", convém realçar duas consequências imediatas e extremamente importantes para os seguintes dezasseis anos de vigência da Constituição de 1933: o afastamento definitivo de Caetano do governo de Salazar e a revisão constitucional concretizada em 1959.

O registo algo dramático, quase épico, empregue por Caetano na descrição do fim dos "laços de colaboração política" (governamental) com Salazar[173] e o "desgosto e amargura" expressos por este na carta de despedida (14 de Agosto de 1958), escamoteiam uma realidade bem mais pragmática do que poética. O "delfim" continuou a sê-lo, embora não mais como o continuador da obra do "chefe". Apresentava-se agora como a esperança de "abertura", na linha do que vinha fazendo na economia[174]. Isto é: cumprir a promessa da Constituição de 1933 – Estado Novo Corporativo –, numa versão moderna e actualizada (liberalizada) do pós-guerra. Salazar, por sua vez, resolvia definitivamente a questão dos "dois partidos" em seu redor (retirou Santos Costa do governo) e ficava só na titularidade do protagonismo político, ainda que cada vez mais condicionado.

Ou seja, precisamente quando se intensificava por todo o mundo (ocidental) a promoção das causas da democracia e da liberdade, a mais antiga ditadura na Europa, na figura do seu velho "chefe", dá um inequívoco sinal em sentido contrário.

Em 29 de Agosto de 1959 é promulgada a Lei nº 2100 de revisão da constituição política. O "domínio da extrema-direita" reclamava expressão e protecção constitucional. O endurecimento político conseguido com a vitória de Américo Thomaz à pouco mais de um ano atrás necessitava de garantias. Salazar passou a temer o que até Delgado (e Craveiro Lopes...) desvalorizara e considerara impensável: a revolta da criação (salazarismo) contra o seu criador. Nesse sentido, o presidente da República, segundo o que constava no artigo 72º, passou a ser "eleito pela Nação, por intermédio de um colégio eleitoral"[175], "por sete anos improrrogáveis" (1º ponto do mesmo artigo). A AN passou a ser "composta de cento e trinta Deputados" (artigo 85º). Traduzindo: a UN engrossou fileiras.

Marcello Caetano, que se declarara contra a "supremacia militar" ou "domínio da extrema-direita", até por encarnar uma visão alternativa oposta, não cri-

---

da vitória eleitoral!' Fiquei um tanto perplexo... Para ele, o sentido da vitória eleitoral era o domínio da extrema-direita..." CAETANO, Marcello, *Minhas Memórias de Salazar*, p. 579.
[173] *Idem*, pp. 578-585.
[174] Como referiu no Índice das Memórias, em relação à segunda metade dos anos 50: "procuro em Portugal preparar os espíritos para a liberalização da economia". *Idem*, p. 592.
[175] Continuando: "constituído pelos membros da Assembleia Nacional e da Câmara Corporativa em efectividade de funções e pelos representantes municipais de cada distrito ou de cada província ultramarina não dividida em distritos e ainda pelos representantes dos conselhos legislativos e dos conselhos do governo das províncias de governo-geral e de governo simples, respectivamente."

ticou esta alteração constitucional nem, quando chegou ao poder, procurou suprimi-la. Pelo contrário. Consagrou-a no *Manual da Ciência Política e Direito Constitucional*. Onde, referindo-se à legitimidade, escreveu que esta "não resulta de o Poder ser exercido por todos os membros da sociedade política (o que regra geral conduz à demagogia) mas sim ao serviço da sociedade política considerada na sua continuidade e sem esquecer que a sobrevivência ou a mera felicidade das gerações futuras podem exigir sacrifícios das gerações presentes", concluindo com a conhecida máxima em latim: *"non per populum sed pro populo"*[176].

O "equívoco" sustentado por Salazar, afinal, não era um exclusivo seu. A Constituição de 1933, incluindo as sucessivas alterações a que foi sujeita, continuava a ser, na perspectiva do autor de *Páginas Inoportunas*, a que melhor permitia aos portugueses "unir-se nos quadros das suas estruturas sociais naturais." Ainda no prefácio da mesma obra, disse ter "um fundo liberal", mas que via com "inquietação (...) a imprudência do ressurgimento de um espírito assim [Liberalismo], capaz de num lance inconsciente dos dados deitar a perder aquilo mesmo que se quer salvar [o seu Estado Novo Corporativo]."

O início do jejum governativo de Caetano coincidiu com o início do período mais difícil para a liderança de Salazar. A derrota fraudulenta de Delgado foi apenas o intróito. Em Janeiro de 1959 o "general sem medo" refugiou-se na Embaixada do Brasil (foi-lhe concedido asilo político) e Henrique Galvão evadiu-se, refugiando-se na Embaixada da Argentina. Em Março, um grupo de 45 católicos (imagine-se a heresia) dirigiu-se a Salazar exigindo um inquérito imparcial às arbitrariedades da PIDE e são presos os implicados no "Golpe da Sé" (que contou com a participação, até ao mais alto nível, de elementos das FA). Em Abril, como presente pelo 70º aniversário, o professor Salazar foi doutorado *Honoris Causa* pela Faculdade de Letras da Universidade de Coimbra. No mês de Outubro, Aquilino Ribeiro foi alvo de um processo judicial devido à publicação de "Quando os Lobos Uivam". A fechar o ano, assinou-se a adesão à EFTA e publicou-se nova obra sobre Oliveira Salazar[177].

O último ano da década – 1960 – manteria a toada. Logo em Janeiro constituiu-se o DRIL (Directório Revolucionário Ibérico de Libertação). A partir de Junho iniciaram-se os prelúdios, mais ou menos silenciosos, do conflito em

---

[176] CAETANO. Marcello, *Manual da Ciência Política e Direito Constitucional*, 5ª Edição, 1967, p. 254.

[177] "Humanismo no Portugal de Salazar", de Henri Massis. Também no mês de Dezembro: em 1958 foi publicada a obra de Louis Megevand – "Le Vrai Salazar" – e em 1960 seria a vez da obra "Lisboa e Salazar (1928-1960)" das Ed. De Sousa Pereira. Em 1961 (Novembro e Dezembro) surgiram uma série de obras: "La Voix de l'Occident", de Jacques Ploncar d'Assac; "Portugal Finanzen", de Ralph von Gersdorff; "Salazar face a face", de Henri Massis; Salazar et son temps", de Paul Serant. Esta torrente bibliográfica, sem ser da total responsabilidade do regime, a exploração que este fazia não pode deixar de ser interpretada como uma tentativa de reabilitar a imagem desgastada de Oliveira Salazar.

África: Agostinho Neto foi preso, dando origem a tumultos populares e a uma proposta do MPLA (Movimento Partido pela Libertação de Angola) ao governo português para a resolução pacífica do problema colonial. A insensibilidade do governo aos indícios subversivos confirmou-se em Setembro, quando o PAIGC (Partido Africano para a Independência da Guiné e Cabo Verde) enviou uma declaração ao governo reclamando a autodeterminação por meios pacíficos para a Guiné e Cabo Verde. Fosse por estratégia, ignorância ou arrogância (ou a sua combinação), apenas desprezo sairia como resposta do governo a estas iniciativas.

Os militares assumiram então, a partir de 1958, como vimos, uma importância política que talvez já não assumissem desde 1932, quando perderam a liderança do governo. O divisionismo político expresso nos dois "partidos" informais ("liberal" e "militar" ou de "extrema-direita") riscados pelo presidente do Conselho em 1958, infelizmente para este, não desapareceria. Pelo contrário. Permeou na estrutura militar, sofrendo a mutação imposta pelas características particulares desta. Começaram a desenvolver-se as duas linhas que desembocariam, em 1973-74, na cisão simbolicamente expressa no famoso "beija-mão" convocado por Caetano, à qual compareceram a maioria dos oficiais-generais (a "brigada do reumático", ou, em termos políticos, os "ultras"), faltando os generais Costa Gomes e António Spínola (que viriam a colaborar com o Movimento dos Capitães). Precisamente estes dois generais, em 1961, iniciariam o percurso que os conduziria ao protagonismo político pós-25 de Abril. Bem como, aliás, se demarcariam logo as diferenças essenciais entre ambos, com a tentativa de golpe militar em Abril.

O chamado golpe "Botelho Moniz", liderado pelo general Júlio Botelho Moniz, então ministro da Defesa, contou com colaboração do seu subsecretário de Estado do Exército, Francisco da Costa Gomes, a quem se atribui a estratégia da intentona. Por denúncia do "ultra" Kaúlza de Arriaga, em colaboração com o presidente Thomaz, e por culpa própria, a iniciativa fracassou. O general foi afastado e os seus colaboradores repreendidos (e pouco mais do que isso). A maior consequência foi, indubitavelmente, a vitória pessoal de Salazar, que não só se manteve no poder, como reforçou a sua posição.

Porém, o velho ditador recebia advertências de um oficial (então tenente-coronel) que, sem ser "conspirador", era crítico da orientação política do governo. À imagem de Caetano, era legalista e fiel aos princípios (no caso concreto, militares) que norteavam a sua conduta, mas defendia uma "renovação". Igualmente como Caetano, colaborava mas criticava. O oficial em causa, António de Spínola, no rescaldo do golpe, escreveria uma carta muito ousada (à imagem de Caetano...) ao presidente Salazar. Nela defende que "é indispensável renovar" e que "já ninguém – no Exército ou fora dele – acredita nela" [na "Revolução Nacional"], que "urge, é indispensável, é vital, remodelar, renovar, sair dos quadros artificiosos e desacreditados", chamar "gente fora do círculo viciado da actual «União Nacional», [...] pessoas de acção, acima de tudo íntegras". Porque senão, avisava, reportando-se ao golpe militar, "o que esteve para se passar acontecerá. V. Ex.ª ganhou a última batalha; mas, se as coisas não mudam radicalmente, não ganhará a próxima."[178]

O ano "terrível" para Salazar – 1961 – começou cedo. Henrique Galvão, em Janeiro, concretizou com sucesso a "Operação Dulcineia" e sequestrou o Paquete Santa Maria. Entregá-lo-ia semanas depois às autoridades brasileiras. Contudo, o mediatismo do caso fora extremamente eficaz na deterioração da imagem internacional do poder político português. Nos EUA o democrata John F. Kennedy venceu inesperadamente as eleições. Convicto de que o "nacionalismo" era o fenómeno mais importante do pós-guerra, conduziu a política externa americana, em plena Guerra Fria (a "crise de Cuba" foi em Abril de 1961), no sentido de proporcionar ao "Terceiro Mundo" uma alternativa ao comunismo. Confirmando a preocupação de Salazar relativamente à sua eleição, era o início do apoio americano aos movimentos independentistas e do isolamento internacional português (sobretudo na Organização das Nações Unidas – ONU)[179]. Em Fevereiro, elementos do MPLA assaltaram a Casa de Reclusão Militar, o Quartel da Companhia Móvel da PSP e a Emissora Oficial em Luanda. No mês seguinte, centenas de colonos europeus foram assassinados em Luanda, Cuanza-Norte, Malange, Carmona e Zaire. Despoletava o conflito que duraria treze anos. Na sequên-

---

[178] Missiva integralmente transcrita no livro de Spínola *País sem Rumo: contributo para a história de uma revolução*, Scire, 1978, ps.17-18. Transcrevemos aqui os parágrafos mais expressivos:
"*É indispensável renovar. O «slogan» A Revolução Continua já não corresponde à verdade. A Revolução Nacional não continua: está parada há muito. Está mesmo anquilosada. Já ninguém – no Exército ou fora dele – acredita nela, a não ser aqueles oportunistas para quem a situação representa a garantia da usufruição de benesses e de privilégios, quantas vezes profundamente injustos.*
(...)
Torna-se indispensável renovar o processo de mobilização de valores, chamando gente fora do círculo viciado da actual «União Nacional», gente que não esteja queimada, pessoas de acção, acima de tudo íntegras e com a necessária independência para, desapaixonadamente, reconhecerem e remediarem o que está mal, destrinçando as deficiências resultantes de erros de estrutura das que foram originadas pela inépcia e corrupção dos homens.
Enfim, pessoas que possam dar uma chicotada numa Nação que se encontra apática e adormecida, dando-lhe novo alento, nova alma e nova esperança. Urge orientar nesse sentido a próxima remodelação ministerial. Caso contrário, o que esteve para se passar acontecerá. V. Ex.ª ganhou a última batalha; mas, se as coisas não mudam radicalmente, não ganhará a próxima."
[179] "O anticolonialismo activo de John F. Kennedy subverteu a orientação atlantista e eurocêntrica sobre África que tinha vigorado em Washington desde a Segunda Guerra Mundial". ANTUNES, José Freire, *A guerra de África. 1961-1974*. Vol. I Lisboa: Círculo de Leitores, 1995, p. 209.

cia da revolta, vários países africanos e asiáticos solicitaram a sua discussão na Assembleia Geral da ONU. Portugal abandonou a sala. A partir daí verificar-se-ia o inverso. Em Outubro, nova carta aberta de Amílcar Cabral ao governo português. No fim do ano, dias depois da evasão de um grupo de militantes comunistas da prisão de Caxias, a União Indiana invadiu Goa, Damão e Diu (quebrando o "pacifismo" dos "não-alinhados"). Principiara o fim do Portugal do "Minho até Timor".

Nesta sucessão abrupta de acontecimentos tempestuosos para o equilíbrio "equivoquista", que permitem compreender o nível de deterioração do regime quando Marcello herdou o poder, os militares regressam à frente de batalha (à semelhança do que sucedeu em 1916-18) na defesa de um CEN e, por inerência, na defesa de um regime, ou "equívoco" (também um pouco à imagem de 1916-18). A mesma guerra que prorrogara a permanência de Salazar no poder impedia-os de "viver habitualmente" e reposicionou-os politicamente. O presidente do Conselho, em resposta às dificuldades, remodelou o governo numa medida que "pode concretizar-se numa palavra e essa palavra é Angola"[180]. Convidou dois insuspeitáveis ministeriáveis para os Negócios Estrangeiros e Ultramar: Franco Nogueira[181] e Adriano Moreira[182], respectivamente. Mas depressa o segundo seria convidado a "mudar de política", a mesma para cuja implementação havia sido convidado para o governo. Sairia em 1963. O primeiro ficaria até 1969, quando percebeu que para além do homem também a política oficial era outra, travando até lá batalhas épicas na diplomacia ocidental em defesa do

---

[180] Cit. em MELO, João de, *Os Anos da Guerra, 1961-1975*, p. 44.
[181] "Quando muito mais tarde, tive acesso ao espólio de Salazar, verifiquei que muitos se insurgiram contra a minha escolha, alegando que eu não dava garantias de fidelidade ao pensamento do chefe do Governo. Apesar disso, Salazar foi por diante com a sua decisão, e chamou-me. (...) A minha conversa com Salazar neste ponto começou rigorosamente por estas palavras: «eu sei que o Dr. F. N. não é um meu partidário encarniçado, nem um devoto de todas as minhas ideias e métodos de administração.» Respondi: «Efectivamente, Senhor Presidente, parece que assim é.» E Salazar continuou: «E sei também que é um patriota, um nacionalista, e um bom profissional dos negócios estrangeiros. (...) Por isso lhe quero fazer três perguntas: está de acordo neste momento com as linhas gerais da política ultramarina? Acha que com os nossos recursos temos possibilidades de defender o Ultramar? Acha que vale a pena tentar?» (...) Àquelas perguntas eu só podia dar uma resposta afirmativa". Em AVILLEZ, Maria João, *Entre Palavras 1974/84*, ed. Difel, Lisboa, 1984, pp. 217-218.
[182] "Quando fui chamado, fui confrontado, em primeiro lugar, com algumas ideias minhas que entretanto se haviam tornado conhecidas: o dr. Salazar disse-me ter notícia de críticas que eu fazia nas aulas sobre a questão colonial. E eu respondi-lhe que o que se dizia nas aulas não era confidencial. Em seguida, houve um desafio ao meu sentido de responsabilidade cívica para implementar essas ideias... Entendi que não devia recusar, embora soubesse que não poderia contar com nenhum apoio político – a não ser o do próprio presidente do Conselho –, já que não pertencia a nenhum grupo." Extracto de uma entrevista conduzida pela jornalista Maria João Avillez, disponível no "Arquivo Electrónico" do *site* do Centro de Documentação 25 de Abril – www.uc.pt/cd25a.

anacrónico CEN. Enquanto isso, Marcello Caetano gozava a sua licença política como um vulcão silencioso, mas activo. Era Reitor da Universidade de Lisboa (UL) desde 1959, embora não por muito mais tempo.

2.4. A herança, o tempo e o modo

A posição privilegiada do "delfim", livre do poder e das suas responsabilidades, beneficiando do ónus da expectativa, incomodava Salazar, que insistia na mesma estratégia de sempre: manter o contacto e a ligação para o poder controlar.[183] Caetano parecia agora imune a essas tentativas. Vivia o período do reitorado da Universidade de Lisboa (UL) "com intenso fervor", mas não numa "posição de total afastamento da política", segundo afirmou[184]. Não ocupou mais nenhum cargo político até 1968, mas não deixou de desenvolver e manifestar as suas ideias.

A "oposição universitária"[185] que Salazar temia explodiu na Primavera de 1962. Depois das manifestações no Porto contra a guerra em África e contra o regime, organizou-se, em Março, o I Encontro Nacional de Estudantes em Coimbra, violando a proibição emitida pelo governo, e fundou-se o Secretariado Nacional dos Estudantes Portugueses (SNEP). Em simultâneo com uma mensagem ao povo de Angola, Salazar proíbe as Comemorações do Dia do Estudante, poucos dias depois de o ministro da Educação as ter permitido. Marcello Caetano não gostou da contradição nem da intromissão governamental em matérias do foro universitário. Pediu a demissão numa carta muito seca dirigida ao ministro, sentindo-se desautorizado e desacreditado enquanto professor e Reitor da Universidade[186]. Nas semanas seguintes sucederam-se uma série de iniciativas estudantis de considerável impacto.

Este acontecimento foi o último retoque na imagem pública "liberal" granjeada por Marcello. Foi também o fim formal da associação do "delfim" ao salazarismo. A partir daqui seria, inequivocamente, o "delfim" do "Estado Novo" por cumprir.

Enquanto Salazar se lamentava da "nova mentalidade", que era "só para safados"[187], Marcello assumia as mudanças do seu tempo: "a minha geração tem sido, assim, a geração de transição entre o velho mundo que ainda conheceu [e em que Salazar vivia] e de que pôde apreciar os valores fundamentais, e o mundo novo cuja gestação dolorosa tem acompanhado sem lhe poder divisar as verda-

[183] ANTUNES, José Freire, *Salazar Caetano, Cartas Secretas 1932-1968*, pp. 79, 391-392 e 398-406.
[184] CAETANO, Marcello, *Depoimento*, p. 12.
[185] ANTUNES, José Freire, *idem*, p. 262.
[186] *Idem*, pp. 399-400.
[187] Cit. em NOGUEIRA, Franco, *Diários Pessoais*, 21 de Fevereiro de 1962.

deiras feições – por enquanto mal definidas, ou ainda deformadas pela violência dos choques com que vai irrompendo na história da Civilização."[188] Portugal encontrar-se-ia, exactamente, no epicentro desse "choque de civilizações".

As profundas transformações e reconfigurações verificadas no contexto internacional do pós-guerra adquiriram forma e definição na década de 1960. As velhas potências coloniais e imperiais europeias ganharam finalmente consciência e reconheceram o fim do *euromundismo*. Os EUA assumiram definitivamente a liderança (e as despesas) do Ocidente. A URSS viu-se no apogeu da sua força e peso internacional. A China emergiu do silêncio e confirmava a premonição napoleónica – acordaria e o mundo estremeceria. O Movimento dos Países Não-Alinhados nascido em Bandung, que reúne hoje cerca de 115 países (entre membros e observadores) dos diversos continentes e na sua maioria ex--colónias, procurava compensar as limitações estruturais da ONU e combater pacificamente a Guerra Fria. O biporalismo (económico, ideológico, militar) que esta representava simplificava uma realidade bem mais complexa: a contracção da multiplicidade internacional, a institucionalização da Globalização como fenómeno político irreversível e condicionador da vida internacional, veículo perfeito para o domínio crescente exercido pelas superpotências, a problematização do Estado-Nação e reposicionamento instrumental do Estado e da(s) Fronteira(s)[189].

Neste contexto, "sempre desafiado na sua definição histórica e viabilidade por factores exógenos, Portugal entrou no mais grave período da sua história lutando novamente contra o predomínio dos interesses alheios e mais poderosos das novas potências que tinham assumido o directório mundial, e que puseram em causa todas as clássicas fronteiras dos interesses estaduais."[190] O salazarismo, em defesa própria e do CEN que lhe dera sentido e constituía o âmago do projecto político defendido por Salazar (o que ele 'queria' e 'para onde ia'), reagiu "rapidamente e em força", pondo à prova a sua "capacidade de decisão". Portugal via-se numa posição internacional extremamente delicada e singular. Salazar parece ter então substituído a "neutralidade colaborante" da II GM por uma 'neutralidade desafiante', "ficando a ideia de que tal como no passado se

---

[188] CAETANO, Marcello, *Princípios e Definições*, p. 122. Discurso em 18 de Junho de 1958.
[189] Sobre a problemática em torno do conceito de "Fronteira" ver MARTINS, Rui Cunha, *O Método da Fronteira: radiografia histórica de um dispositivo contemporâneo (matizes ibéricas e americanas)*, Almedina, Coimbra, 2008.
[190] MOREIRA, Adriano, *Notas do Tempo Perdido*, Instituto Superior de Ciências Sociais e Políticas, Lisboa, 2005, p. 47.

havia inventado a caravela para navegar contra ventos contrários, se pretendia nesses anos inventar uma política contra um mundo *contrário* ou adverso"[191].

A defesa do país pluricontinental, plurirracial e pluricultural consagrado na Constituição de 1933 (e também, convém realçar, na de 1911) foi coerente com o salazarismo. "O desafio – afirma Adriano Moreira – deste século [para Portugal] disse em primeiro lugar respeito à estrutura histórica do País, em segundo lugar ao conceito estratégico que procurava defender aquela e finalmente à capacidade do regime para responder politicamente a essas exigências". Realçando, contudo, que é "uma perspectiva generalizada, mas pouco exacta, fazer coincidir o conceito estratégico nacional com o regime que tinha expressão formal na Constituição de 1933."[192] Pouco exacta porque Salazar construiu um regime com base no histórico e, praticamente, imutável CEN e não o contrário. Quanto à capacidade do regime para responder politicamente a essas exigências, uma palavra: persistência[193]. Ou, traduzindo na linguagem dos seus adversários, teimosia e "feitio difícil de Salazar"[194].

A argumentação utilizada por Salazar e Franco Nogueira parecia marginalizar ou desvalorizar "a condição exógena de Portugal, no sentido de que sempre esteve condicionado por factores externos fortemente limitadores da área de decisão soberana, tornou-se mais acentuada e específica à medida que a interdependência mundial eliminou as zonas marginais de expansão em face de um mundialismo integrador."[195] O pragmatismo que caracterizava (e caracteriza) as relações internacionais[196], era contrariado por Portugal com argumentos histórico/jurídicos. Em defesa da "multirracialidade" e da propalada capacidade integradora portuguesa, Salazar respondia à administração Kennedy dizendo que "é estranho que um país, incapaz de integrar pretos e brancos na sua socie-

---

[191] BARBOSA, Márcio, *Portugal e a fronteira ibérica entre a revolução e a integração (1974-86) (Um Olhar sobre o Conceito Estratégico Nacional (CEN) através do Negativo da Adesão)*, in *Territórios e Culturas Ibéricas II* (Colecção Iberografias - 10), Campo das Letras Editores, Porto, 2007, p. 191.

[192] MOREIRA, Adriano, *idem*, p. 105.

[193] Convém realçar o seguinte aspecto, focado por Adriano Moreira: "A defesa dos interesses portugueses, do sistema histórico português, do Portugal multicontinental com os corolários lógicos inerentes, quando a tormenta euromundista nos chegou, encontrou apoio e resposta na esmagadora maioria dos portugueses vivos." Em MOREIRA, Adriano, "*As Campanhas de África e a Estratégia Nacional*", in *Estudos sobre as campanhas de África: 1961-74*, Lisboa, Edições Atena: Instituto de Altos Estudos Militares, 2000, p. 29.

[194] Revista Focus (semanário), nº 320, semanal de 30/11 a 06/12/2005, p. 121.

[195] MOREIRA, Adriano, *idem*, p. 121.

[196] Referindo-se à condução do processo de defesa de Goa por parte do regime e ao desfecho que teve, Marcello afirma o seguinte: "Boas razões de Direito, sem dúvida... Mas desde quando, nas relações internacionais entre um forte e um fraco, se viu a força ceder ao Direito?". Em CAETANO, Marcello, *Minhas Memórias de Salazar*, p. 446.

dade, seja partidário de uma autodeterminação em África"[197]. A idealizada (pelo regime) política integradora portuguesa[198] era defendida implacavelmente por Franco Nogueira que, convicto de "que o simples anúncio de uma *nova política* cria logo a velocidade dessa mesma política"[199], considerava que Portugal devia permanecer firme na defesa da sua posição, uma vez que as "províncias africanas" eram um pedaço do tabuleiro onde "procuravam interferir forças ideológicas, em obediência a ideias messiânicas, que reciprocamente se excluíam; e procuravam intervir as Nações Unidas, como reflexo e caixa de ressonância de todas aquelas forças e correntes"[200].

Apesar da sólida argumentação (do ponto de vista jurídico) apresentada pelo governo português[201], a política oficial era reprovada na ONU[202]. Franco Nogueira resumiu, com excessiva simplicidade e ironia, a luta diplomática por ele travada: "as grandes potências não gostam de governos firmes nas peque-

---

[197] NOGUEIRA, Franco, Salazar, O Último combate (1964-1970), p. 368.
Franco Nogueira, na mesma linha, refere no Conselho de Segurança da ONU, em Julho de 1963, que "o fundamento da política portuguesa assenta sobre a nossa convicção que nenhuma raça no mundo é superior ou inferior a qualquer outra". Em *Política Externa Portuguesa*, Selecção de textos das declarações do Ministro dos Negócios Dr. Franco Nogueira, Separata do Boletim de Informação, MNE, Lisboa, 1965, p. 49.

[198] "A política portuguesa tinha de ser apresentada externamente como inflexível e intransigente. Quando damos aos outros o direito de discutir a nossa política, já estamos a alterá-la no sentido que os outros querem. E não se pode declarar uma coisa no plano externo e outra diversa no plano interno. Ou imagina que os estrangeiros não escutam e não interpretam o que dizemos entre nós dentro do País?" Em AVILLEZ, Maria João, Entre Palavras 1974/1984, p. 222.

[199] Idem, p. 223.

[200] NOGUEIRA, Franco, *Juízo Final*, Livraria Civilização Editora, 1992, p. 34.

[201] Segundo Salazar, "é ilegítimo da parte das Nações Unidas resolver discriminatoriamente contra Portugal: a Assembleia-geral não tem competência para declarar não autónomos territórios de qualquer potência. Esta é a interpretação juridicamente correcta e que sempre foi dada aos princípios da Carta. Nesses termos fomos admitidos, e se outro fosse o entendimento dos textos é certo que não nos teríamos apresentado a fazer parte da Organização". In Diário das Sessões (da Assembleia Nacional), ano de 1960, nº 179 (1960-12-02), p. 0088.

[202] A título de exemplo, o artigo 73 do capítulo XI da Carta intitulado "Declaração relativa aos territórios não autónomos", estabelece que "os membros das Nações Unidas que têm ou assumem responsabilidades pela administração de territórios cujos povos ainda não atingiram uma forma completa de autogoverno", se obrigam, entre outras coisas, segundo a sua alínea e), a "transmitir regularmente ao Secretário-Geral, a título de informação, e atendendo às reservas impostas por considerações de segurança e de ordem constitucional, dados estatísticos ou de outro carácter técnico relativos às condições económicas, sociais e educacionais dos territórios pelos quais são responsáveis e que não estão compreendidos naqueles a que se referem os capítulos XII e XIII". Portugal demarcava-se dizendo que não administrava territórios não autónomos, ou seja, não possuía colónias. Os territórios ultramarinos portugueses eram parte integrante do estado português de acordo com a sua Constituição Política.

nas potências, porque esses governos de vez em quando sabem dizer-lhes que não."[203]

Em paralelo com o embate diplomático travado por Salazar e Franco Nogueira[204], desenrolava-se distante a realidade da Guerra. Esta explicava aquele. O regime sustentava ambos. A Guerra justificava o regime. O "equívoco" era o elo de ligação. A convicção inabalável nesse "equívoco", ademais burocratizado e institucionalizado, conferia uma coerência improvável a um círculo vicioso de sentido imperscrutável. O "saber durar" num horizonte ausente de alternativas à altura de um passado de cinco séculos ajudam a compreender os números duma guerra travada por uma "pequena potência".

As FA honraram o juramento de bandeira e saíram em defesa da constituição vigente e do homem que a concebera. Salazar suspirou e agradeceu. A dívida pagá-la-ia Caetano. Aos convocados em 1961 para reprimir a revolta juntaram-se alguns voluntários, talvez para justificarem a sua existência como militares. Entre eles foi o então tenente-coronel António de Spínola, comandando o grupo de cavalaria nº 345, por ele organizado.[205] Mas rapidamente o "espírito de missão" que o levara a voluntariar-se seria confrontado com a mesma realidade que perturbava a todos quantos conheciam África: "havia infelizmente uma falta de correspondência nas imagens dos que tinham conhecimento africano e dos que apenas tinham uma experiência metropolitana", pois, como defende Adriano Moreira, "uma concepção puramente normativista, uma visão legalista – o sistema das leis e a sua coerência, etc. – tinha pouco a ver com a realidade"[206]. Segundo póstumo reconhecimento, a experiência angolana pro-

---

[203] AVILLEZ, Maria João, idem, p. 229.
[204] Adriano Moreira critica "o Dr. Franco Nogueira, Ministro dos Negócios Estrangeiros desse período, que atingiu o pico mais crítico entre 1960 e 1974, [e que] escreveu uma crónica oficiosa que centra o processo colonial português no diálogo com a ONU e os EUA, analisando tudo sobretudo em função da capacidade diplomática de produzir argumentos." Em MOREIRA, Adriano, idem., p. 37.
[205] Apesar da sua patente a isso não o obrigar, Spínola fez sempre questão de comandar directamente os seus homens, acompanhando-os em todas as operações. Esta sua característica aliada ao seu excelente desempenho granjearam-lhe desde logo enorme prestígio, que levaria Salazar a convidá-lo para o cargo de governador da Guiné, em 1968-1973. Entre estas duas idas ao ultramar, tirou o Curso de Altos Comandos, com a classificação de muito apto, foi promovido a Brigadeiro e desempenhou as funções de 2º Comandante da GNR.
[206] "Quando o almirante Sarmento Rodrigues – um homem por quem tenho grande admiração – me convidou, era ele ministro do Ultramar, para eu fazer um projecto de reforma do sistema prisional do ultramar. Eu dedicava-me na altura ao Direito Criminal e aceitei fazer esse estudo. Visitei então Angola, Moçambique, São Tomé e Guiné. (...) Talvez aí por 1953. (...) E foi determinante pelo desafio: todos os portugueses que passavam por África adquiriam uma noção de responsabilidade, de dimensão, que a sociedade metropolitana não fornecia. Havia infelizmente uma falta de correspondência nas imagens dos que tinham conhecimento africano e dos que apenas tinham uma experiência metropolitana: o ultramar real não era reproduzido nas preocupações de quem estava reduzido à metrópole e isso não

porcionada pelo comando do grupo de cavalaria nº 345 foi a "grande escola política" de Spínola, que lhe permitiu "reflectir profundamente sobre a viabilidade de salvaguardar a «unidade nacional» sem se rever o nosso conceito de permanência em África"[207] e onde ganhou consciência de que "a força das armas pode eternizar o problema, mas jamais o resolve."[208]

Rapidamente e em força, a Guerra conquistou o protagonismo na cena política nacional e internacional (ultrapassada em mediatismo pela guerra do Vietname, de natureza bem diferente e conflito exclusivo da Guerra Fria). Por inerência, a tradicional impermeabilidade dos militares em relação ao debate político dissipou-se. Abriu-se uma via de consciência crítica entre as FA, da qual Spínola seria um dos expoentes (tema que será aprofundado no Capítulo seguinte). A tentativa de golpe militar de Abril de 1961 não voltaria a repetir-se (a natureza da revolução de 1974 foi muito diferente e a capacidade de resposta do regime não era já a mesma). Enquanto os militares pretorianos da ditadura se colaram convictamente ao velho ditador, os militares conscientes do caminho sem saída para que se caminhava, constituíam uma tendência dissonante no seio do regime e aguardavam que a insistência salazarista desse lugar a uma solução política para o problema. Contudo, Salazar estava convicto de que "quem ganha a guerra não faz reformas. E, nesse momento, estabeleceu-se a convicção de que a guerra estava ganha."[209]

Marcello Caetano, que em 1946, enquanto ministro das Colónias, perguntava "onde está essa juventude empreendedora com a consciência da missão imperial portuguesa?"[210] e em 1952 afirmava ser "dos que pensam que a política deve ter muito pouco lugar no ultramar"[211], em 1963 já afirmava, dirigindo-se imagine-se a quem, que "não pertenço ao número daqueles para quem há pessoas que têm sempre razão"[212]. A adaptação às circunstâncias característica do discurso político é evidente na evolução gradual de Marcello. Salazar, que chefiava um Portugal "impermeável à histeria política que vai pelo mundo"[213],

---

foi bom para o país." In Entrevista conduzida pela jornalista Maria João Avillez, disponível no "Arquivo Electrónico" do *site* do Centro de Documentação 25 de Abril – www.uc.pt/cd25a.

[207] SPÍNOLA, António de, *País sem Rumo: Contributo para a História de uma Revolução*, p. 20.
[208] SPÍNOLA, António de, *Por uma Portugalidade Renovada*, Agência-Geral do Ultramar, Lisboa, 1973, p. 287.
[209] GUERRA, João Paulo, *Descolonização portuguesa: o regresso das caravelas*, Publicações Dom Quixote, Lisboa, 1996, p. 18.
[210] CAETANO, Marcello, *Princípios e Definições*, p. 23.
[211] *Idem*, p. 170.
212 No prefácio da obra *Anticolonialismo e Descolonização*, de Luís Filipe de Oliveira e Castro, 1963. *Idem*, p. 90. Na continuação, afirmou que "por temperamento e por formação, defendo a liberdade de exposição e de crítica das ideias, dos princípios e das fórmulas."
[213] SALAZAR, António de Oliveira, *Discursos e notas políticas 1959-1966*, p. 401.

reconhecia no seu mais que provável sucessor, talvez com a habitual pitada de ironia, "um belo espírito, com ideias liberais, que segue sempre o que julga ser a última corrente dominante."[214] O visado por certo teria apreciado a descrição, já que se empenhou bastante para adquirir essa imagem.

O homem que na juventude pertencera à *Ordem Nova* e que preparou a juventude salazarista (enquanto líder da MP) fugia inteligentemente à inflexibilidade e estagnação que caracterizava a idosa clique política congregada em torno de Salazar. Propunha-se agora o paladino da *Juventude de Hoje Juventude de Sempre*, pronto para liderar "as suas forças espirituais e as suas certezas intelectuais" e conceder aos jovens (muitos deles seus alunos) da década de 1960 "a carta de alforria que os sagre homens do seu tempo."[215] No findar da década lá estaria esta juventude representada na famosa "ala liberal". Mas, como se verificaria – funestamente para Caetano – e segundo palavras expressas nessa mesma obra, também estes jovens, como os de todas as gerações, "culparam as gerações anteriores dos males encontrados."

As FA portuguesas viram-se realmente "empenhadas numa acção com muito pouco de guerra clássica" e tiveram de estudar "a lição da Argélia"[216], como avisara Marcello em 1960. Dois anos depois, propôs a criação dos "Estados Unidos Portugueses" em resposta ao mundo da intenção de "evoluir" do governo português.[217] A estratégia relativa ao seu posicionamento político é muito hábil: sem romper abertamente com os fundamentalistas, acenava, talvez até com convicção, com a síntese política ideal para as crescentes expectativas de liberalização ou abertura de amplos sectores da sociedade portuguesa. A busca pelo matiz perfeito resultante da combinação de todas as nuances atraía de facto as expectativas. O objectivo seria esse. Mas, vendo bem, talvez fosse pouco mais do que a mesma ambiguidade de sempre.

No ano de 1965, que praticamente começou com a morte do emblemático W. Churchill (Janeiro), contemporâneo de Salazar, aguditaram-se as tensões internas e as pressões externas. Logo em Fevereiro desapareceu, assassinado, Humberto Delgado. A sua morte causaria ainda mais impacto do que a sua vida. Em Julho surgiu o Comité Revolucionário de Moçambique (resultante da fusão de vários agrupamentos rivais da FRELIMO) e em Setembro foram presos Mário Soares, Raul Rego, Pires de Lima, entre outros, que se dirigiam para Espanha para tratar do "caso Delgado". Em Novembro efectuaram-se as eleições para a AN, ganhas pela UN, sem oposição, e a fechar o ano a Organização de Unidade

---

[214] Cit. em NOGUEIRA, Franco, *Diários Pessoais*, 5 de Setembro de 1962.
[215] CAETANO, Marcello, *Juventude de Hoje Juventude de Sempre*, 1967.
[216] Idem, *Ensaios Pouco Políticos*, Lisboa, Verbo, s.d., p. 56.
[217] Cit. em ANTUNES, José Freire, *Cartas Particulares a Marcello Caetano*, vol.I, p. 30.

Africana (OUA) reconhece o PAIGC como "representante do povo da Guiné--Bissau"[218]. No ano seguinte, 1966, sucederam-se os "autos de processamento" do caso Delgado, que nem a inauguração da Ponte sobre o Tejo ("Ponte Salazar") permitiu esquecer. No ano da guerra dos "Seis Dias", Portugal reforçou a sua posição na NATO, graças à criação do Comando da Área Ibero-Atlântica, com sede em Lisboa, mas assistiu à tomada do armamento do quartel da 3ª Região Militar, em Évora, por parte a LUAR. No último mês do ano estalou o caso dos "ballets roses". Perseguido por uma catadupa de adversidades, o regime sobrevivia, mas deteriorava-se de forma irremediável.

O ano de 1968 foi marcado, no plano internacional, pelos estudantes[219]. Para Portugal agravava-se a pressão na AG da ONU e na imprensa internacional. A situação militar na Guiné estava a um pequeno passo do colapso. Nem a visita do presidente da República a essa província e a Cabo Verde, no mês de Fevereiro, conseguiu disfarçar a gravidade da situação. Pelo contrário, recebeu como resposta manifestações em Lisboa contra a Guerra. Em Março, ainda na sequência do escândalo "ballets roses", Mário Soares 'emigrou' para S. Tomé. As circunstâncias, que temos vindo a descrever sinteticamente, desanimavam o velho ditador, que, defendendo o "supremo bem dos povos – a ordem", se lamentava: "o mundo está a viver em permanente desvario"[220].

No mesmo mês de Abril em que recebera uma carta muito crítica, à sete anos atrás, Salazar convidou o seu autor – Spínola –, agora promovido ao generalato, para o cargo de Governador e Comandante-chefe das FA na Guiné. Na audiência entre ambos, segundo o relato feito a posteriori por Spínola, Salazar salientou que "o grande oceano da política internacional" estava a ser "varrido por uma tempestade oriunda do Leste", "haveria, portanto, que aguardar pacientemente que a tempestade passasse e, entretanto, impunha-se 'manter o rumo certo e a mão firme'." Spínola refere que Salazar "revelou um imperfeito conhecimento do substrato africano", uma "precária avaliação das potencialidades humanas

---

[218] OLIVEIRA, César, *Salazar e o seu Tempo*, p. 215.
[219] Em Janeiro os estudantes do Porto manifestam-se contra a intervenção norte-americana no Vietname (e só contra essa intervenção militar) e manifestações antifranquistas em Espanha levam ao encerramento da Faculdade de Ciências Políticas e Económicas de Madrid; em Fevereiro é a vez dos estudantes saírem à rua em Itália; no mês de Março, novas manifestações em Milão e crise universitária na Polónia; em Maio foi a vez das famosas manifestações de estudantes em França; Junho assiste a mais manifestações estudantis na Jugoslávia e no Rio de Janeiro; os confrontos dos estudantes com a polícia prolongam-se por Julho; em Outubro verificam-se confrontos estudantis com a polícia em diversos países, como o Canadá, México e Brasil.
[220] ANTUNES, José Freire, *Salazar Caetano, Cartas Secretas 1932-1968*, p. 406. Nesta última missiva a Marcello Caetano, datada de 6 de Junho de 1968, Salazar parece responder a novas críticas de Marcello à actuação do governo, na linha do que se tornara hábito, quando lhe responde o seguinte: "isto não quer dizer que não tenha razão ou ao menos alguma razão na parte crítica."

da África negra" e "desconhecimento das peculiaridades do tipo de guerra que enfrentávamos". Realçando a importância estratégica da Guiné na defesa global de todas as províncias, subestimava o "valor das guerrilhas em comparação com o das nossas forças, cujo potencial sobrevalorizava."[221]

A resposta de Spínola, a acreditar no seu relato, foi no sentido de realçar a inviabilidade de salvaguardar "a 'unidade nacional' sem se rever o nosso conceito de permanência em África." Apontava como solução a aposta no conceito de "Nação Pluriestatal", "numa política global que tornasse esses novos 'Estados' verdadeiramente solidários através dos indiscutíveis benefícios que lhes adviriam da Comunidade em que voluntariamente se manteriam integrados", desde que não "fundamentada num conceito contestado de 'unidade', mas que, antes, a esta conduzisse pela via aglutinante da *solidariedade*." Neste quadro político, "apenas competiria às Forças Armadas garantir o espaço e o tempo necessários para que este processo se concretizasse." Para tornar tudo isto possível, terá adiantado que era necessário imprimir ao processo uma "dinâmica revolucionária" e implementar uma "Revolução Social", alertando para os perigos de poder vir a "ferir alguns interesses estabelecidos e a sensibilidade de uma retaguarda impreparada para [o] compreender". Salazar apenas ter-se-á limitado a dizer: "é urgente que embarque para a Guiné."[222]

O tom pomposo empregue por Spínola na descrição da audiência com Salazar, na realidade, não destoa muito da gravidade do momento. Cerca de quatro meses depois, uma simples cadeira, segundo a lenda, demonstrou que o presidente Oliveira Salazar não durava mesmo para sempre. Caetano talvez até já tivesse perdido as esperanças (ou o entusiasmo) que ele próprio alimentara durante anos a fio. Mas era o único capaz de reunir algum consenso nas cúpulas do regime, apesar da desconfiança da alta oficialidade das FA.[223] Afinal, para isso aguentara tantos anos na sombra do poder e para isso se empenhara tão ambiguamente em trabalhar com Salazar, na expectativa de o (des)continuar.

A herança que Caetano recebia em 1968 era pesada – "diga-se o que se disser, a massa do País era salazarista" –, carga essa acentuada pela sua própria vivência – "pertenci a uma geração para a qual o Ultramar surgiu como a grande missão de Portugal no Mundo" –, pelo condicionalismo imposto pelo poder das FA – "se não as Forças Armadas intervirão, interrompeu o Presidente da República" – e pela posição destas em relação à defesa do Ultramar – "as Forças Armadas têm-na como ponto de honra e estão dispostas a sustentá-la", terá dito

---

[221] SPÍNOLA, António de, *País sem Rumo: Contributo para a História de uma Revolução*, pp. 18-19.
[222] *Idem*, pp. 20-22.
[223] CAETANO, Marcello, *Depoimento*, p. 14.

o Brigadeiro Bettencourt Rodrigues a Marcello.[224] No dia seguinte à tomada de posse, um amigo pessoal, o novelista Domingos Monteiro, escreveu-lhe as seguintes palavras: "como estadista, recebes uma das mais pesadas heranças da nossa existência histórica e política: uma sociedade desavinda, um povo que, não obstante a sua intuição divinatória [!], (e a culpa, tenho que acentuá-lo, não é dele) não sabe o que quer, e uma guerra inevitável (que eu próprio faria) mas para que é difícil antever uma próxima e desejável solução."[225]

O tempo em que assumia a PCM era muito diferente do tempo em que, à dez anos atrás, deixara o governo. Portugal praticamente não tinha aliados. A escala nas relações internacionais relativamente a Portugal variava entre a hostilidade e a abstenção. O país e o regime eram associados ao pior da Guerra Fria (por exemplo, estabelecia-se frequentemente o paralelismo entre o Vietname e a África portuguesa). O desgaste interno reflectia-se em intolerância por parte da comunidade internacional e afigurava-se cada vez mais irrecuperável.

O modo como se dirigiu ao país na tomada de posse, visto na perspectiva dos últimos dez anos, chega a parecer surpreendente. Mas não é. A receita salazarista está lá completa, é um facto: a "necessidade de não descurar um só momento a defesa das províncias ultramarinas"; a defesa "da vida e do labor de quantos aí [no ultramar] se acolhem"; "informação tão completa e frequente quanto possível"; "continuar a pedir sacrifícios a todos, inclusivamente nalgumas liberdades que se desejaria ver restauradas"; o apelo "a todos os portugueses de boa vontade" [os salazaristas]; "a ordem pública é condição essencial" e a "preocupação imediata em assegurar a continuidade". Provavelmente, não podia ter sido de outra forma. Não podia deixar de manifestar a vontade de continuar. Afinal, não esqueçamos que foi o Almirante Thomaz quem o nomeou. Contudo, o estilo denuncia a ruptura com o legado político que diz propor-se continuar: a ausência do "espírito de missão" e da "mística do império", compensada pela "dignidade do Povo português" ("saibamos ser dignos desta hora"); o facto de não 'saber muito bem o que queria e para onde ia', pelo contrário, não se considerava "à altura das gravíssimas responsabilidades deste momento histórico"; o constante sublinhar dos "ciclópicos trabalhos" que tinha de enfrentar e a necessidade de um definitivo elogio público "ao homem de génio", numa tentativa impaciente de se libertar da sombra dum moribundo quase omnipresente. Tudo concorria para o ambicionado matiz perfeito. Restava apenas saber se e quando empalideceria.

---

[224] *Idem*, p. 13, 14, 16 e 17.
[225] ANTUNES, José Freire, *Cartas Particulares a Marcello Caetano*, p. 225.

Caetano iniciava assim o seu mandato atormentado por uma série de conflitos: entre o país que herdava e o país que subliminarmente vinha prometendo; entre o "equívoco" para que trabalhou desde 1928 e o regime que idealizara; entre o poder real (FA) e o poder formal (Constituição de 1933); entre as convicções de toda uma vida e a razão imposta pelo devir ("ventos da história"); e, talvez o maior de todos, entre a consciência e a realidade.

III CAPÍTULO
O SONHO COMANDA O DISCURSO

3.1. Princípio do Contraditório: o(s) projecto(s) e o(s) discurso(s)
O regime ditatorial português de inspiração fascista, mas que se impôs sem movimento fascista (conforme definição de Manuel de Lucena), assumindo-se desde o primeiro instante como um "fascismo de cátedra" (segundo a feliz fórmula de Unamuno), não sofreria, nestes aspectos centrais, alterações com a involuntária passagem de testemunho na PCM. O políptico imagético que rodeava Salazar havia-o transformado à muito numa lenda política, que, por isso mesmo, se legitimava a ele próprio e ao seu exercício do poder. Ainda que, na última década de pontificado, segundo vimos, a imagem perdesse a cor. Contudo, "o homem de génio" cedeu, efectivamente, lugar a "um homem como os outros". Esta expressão aparentemente retórica e inconsequente de Marcello era, na verdade, intencional e assinalava a tentativa de captura, por parte de Caetano, de algo que o próprio nome Salazar por si só continha: legitimidade e/ou capital político.

Segundo um dos deputados "liberais" chamados em 1969 à Assembleia da República (AR), Francisco Pinto Balsemão, em 1968 Marcello "tinha o país na mão", acrescentando ainda que "não precisava das eleições de 1969"[226]. Podendo tomar-se a afirmação por um exagero, no mínimo Marcello beneficiava da expectativa positiva da generalidade dos portugueses[227]. Porém, esta

---

[226] Afirmação proferida em 8 de Outubro de 2008, no colóquio "O Regime e a Ala Liberal", integrado no Ciclo "Tempos de Transição". Em http://aeiou.expresso.pt/marcelo-caetano-demitiu-se-por-tres-vezes=f420351.
[227] Segundo palavras de André Gonçalves Pereira, em cuja vida, afirma, "o Marcello desempenhou um papel muito importante", "durante um ano, ano e meio, partilhei o grande entusiasmo do país pelo Marcelo...". Em http://www.uc.pt/cd25a/wikka.php?wakka=eapereira.

realidade de 1968-69 esbarrava na consciência de décadas de serviço a Salazar. Caetano vinha preparando psicologicamente o país para descontinuar Salazar, mas no momento de o fazer era ele, talvez ao contrário do país, que parecia duvidar do sucesso da tentativa. A mutação discursiva entre os dois estadistas, embora reflexo das dissemelhanças entre os homens, aponta nesse sentido. Muito distante da 'virilidade'[228] salazarista, Caetano adoptou um discurso justificativo, ambíguo e plebiscitário (que num prisma estratégico se poderia traduzir por humilde, consensual e informativo). Um breve olhar somente sobre os seus primeiros discursos (aos quais, aliás, devotava especial cuidado) permite-nos asseverar a asserção. Para além do texto da tomada de posse – "Saibamos ser dignos desta hora" –, destacamos o título do primeiro discurso ante os "homens de bem" do regime (ainda e só os salazaristas), na AR – "Pela recta intenção de bem servir o povo português" (27 de Novembro de 1968) –, no qual afirmou que confia "no povo português na esperança de que saberá reconhecer o esforço que o Governo não deixará de realizar", e os discursos de 1969 anteriores às eleições – "Ninguém pode escusar-se a cumprir deveres para com a Pátria" (Maio) e "Portugal não pode ceder" (6 de Outubro), só para se destacar os mais expressivos.

Em 1928, Salazar fora (re)convidado para o governo e aceitara com a segurança de conseguir impor restritivas condições. Quarenta anos depois, Caetano foi convidado e aceitou com a insegurança de ter de respeitar (e no seu espírito conciliar) restritivas condições que lhe foram impostas, essencialmente pelo porta-voz do chamado "ultramarinismo" salazarista, o Almirante Thomaz. Os dez anos de retiro político certamente permitiram-lhe constatar o que Salazar ignorava, talvez por estar demasiado distante: "no fundo, a verdade é que já ninguém era simpatizante do regime nos anos 60: uns faziam carreira por ele, outros oponham-se, mas ninguém simpatizava. Simplesmente, tudo aquilo parecia uma inevitabilidade."[229] O "delfim", por sua vez, ainda possuía um considerável capital de simpatia (expectativa). Mas não se terá consciencializado do seu potencial, já que os seus textos denunciam uma profunda necessidade de legitimação política, possivelmente proporcional às condições impostas pelo presidente da República. Em simultâneo, pede apoio à massa antipatizante do regime e apela à compreensão (petrificada por Salazar) dos sustentáculos do regime. Entre uma e outra, prossegue fiel na sua religião secular: a "legalidade". O(s) projecto(s) integrava(m) uma equação política verdadeiramente "ciclópica": liquidar paulatinamente o salazarismo, reconciliar a Nação com o poder, solu-

---

[228] Adjectivo atribuído por Mírcea Elíade, referindo-se a Salazar. Em *Salazar sem Máscaras*, 2ª edição, Nova Arrancada, Lisboa, 1998, p. 39.
[229] Em http://www.uc.pt/cd25a/wikka.php?wakka=eapereira. Entrevista a André Gonçalves Pereira.

cionar a questão nuclear da Guerra, evitando uma guerra política interna, e concretizar as críticas dirigidas a Salazar durante décadas. Tudo isto num contra-relógio acelerado pela pressão internacional e por um aspecto extremamente importante em Marcello, relembrado por Freitas do Amaral: "ao contrário de muitos que mudam quando chegam ao poder, Marcello Caetano não mudou: o seu Governo foi inteiramente coerente com as suas ideias."[230]

Como se afirmou, a Constituição de 1933 fora pensada à imagem de Salazar e à medida do exercício unipessoal do poder. Em 1968, Caetano, que colaborara equivocamente na idealização do regime formalmente apresentado nesse código legislativo, inverteu o sentido do eixo gravitacional salazarista: governou á imagem da constituição e concretizou (ou pelo menos tentou) o prometido Estado Novo. O primeiro discurso para os deputados da UN é esclarecedor a este respeito: "Permite a Constituição que o Presidente do Conselho compareça nesta Assembleia para tratar de assuntos de reconhecido interesse nacional."[231] Salazar, porque a constituição não o 'obrigava', quase não comparecia na AR e muito menos tratava aí de tais assuntos. A expressão inicial – "Permite a Constituição" – surge assim revestida de um inegável simbolismo e assinala a ruptura com o antecessor.

O corte com a letargia institucional promovida por Salazar foi levado a sério. Enquanto este esvaziou ou mesmo anulou institucionalmente o regime, Caetano restituiu o(s) poder(es) às instituições e estas às suas funções. Como salienta Freire Antunes, "Salazar só reunia o conselho de Ministros quando queria alijar incómodas responsabilidades decisórias; Caetano passou a convocar plenários quinzenais do Governo. Salazar comandava pessoalmente a guerra e os generais de África; Caetano reactivou o Conselho Superior de Defesa Nacional e descentralizou a condução das operações anti-guerrilha."[232] No discurso supracitado, Marcello terminou precisamente com um apelo a uma colaboração activa das principais (do ponto de vista constitucional) instituições do regime: "conto, para levar a cabo tão árdua missão com a colaboração da Assembleia Nacional e da Câmara Corporativa".

Muito mais do que uma metamorfose no estilo governativo, verifica-se uma transformação substancial e funcional na mecânica institucional do regime. Bastou o discurso da tomada de posse para que a aparentemente sólida "Image de L'état Nouveau Portugais" liderado pelo seu mítico "Chef" ruísse instanta-

---

[230] AMARAL, Diogo Freitas do, *O Pensamento Político de Marcello Caetano*, em O Independente, 17 de Setembro de 1993.
[231] CAETANO, Marcello, *Pela Recta Intenção de Bem Servir o Povo Português*, Secretaria de Estado da Informação e Turismo (SEIT), 1968, p. 3.
[232] ANTUNES, José Freire, *Cartas Particulares a Marcello Caetano*, p. 29.

neamente. Caetano pôs fim à verticalidade dum regime encefalicamente desproporcionado, liquidando o "Chef" (ou a instituição Salazar), condição *sine qua non* para que a ficção da "Image" cedesse lugar á construção efectiva do "État Nouveau". Aliás, é interessante o facto de, nos seus discursos, Caetano focar repetidamente o ano de 1933 e referir-se ao regime como o da Constituição de 1933, mencionando, por uma questão estratégica, raramente o "Estado Novo" e, obviamente, ignorando Salazar.

No jogo delicado pela conquista de margem política, explorava a expectativa criada à sua volta para ganhar espaço dentro dum regime ainda em estado de choque: "tenho procurado – dizia o novo presidente do Conselho – conduzir a política interna nestes dois meses dentro das linhas definidas na declaração subsequente à posse do novo Governo, que tão favorável eco encontrou no país inteiro." Logo a seguir ia um pouco mais longe, afirmando que se fez "um esforço no sentido de permitir mais larga expressão das opiniões, uma informação mais ampla, mais íntima participação do comum das pessoas na vida pública." Tranquilizava, no entanto, a 'velha guarda', com a qual pretende evitar entrar em conflito aberto, esclarecendo que, na verdade, "procura-se – à boa maneira salazarista – chamar a colaborar com o Governo todos os bons cidadãos deste país."[233]

Apesar desta paralizante duplicidade política, que viria a condicionar decisivamente o marcelismo, como veremos no derradeiro capítulo, até inícios do ano de 1970 Marcello pôde de facto experimentar os benefícios de uma Primavera política, verificando-se uma descompressão na actividade das oposições que caracterizou os últimos anos de governo de Salazar. Tentou reconciliar o governo com o país[234], explorando uma possível abertura e tentando ganhar tempo para a implementação do(s) seu(s) projecto(s): "o Governo tem tido nestes dois meses provas reiteradas do apoio da grande massa da população por-

---

[233] CAETANO, Marcello, *Pela Recta Intenção de Bem Servir o Povo Português*, p. 14. Em relação à constante posição de ambiguidade de Caetano relativamente aos "ultras", é exemplificativo o seguinte trecho de Freire Antunes: "No rascunho do seu discurso de posse, Caetano havia introduzido uma alusão aos territórios em guerra como os «novos Brasis». Nogueira e outros ministros, chamados previamente a comentar o texto, aconselharam Caetano a eliminar aquela alegoria a novas soberanias emanadas do Império seiscentista. «Se deixar estar essa frase», afirmou Nogueira, «será já a cisão». O então Presidente do Conselho legou outra versão: «o Dr. Franco Nogueira pediu-me, quase de mãos postas, que a suprimisse». Fosse como fosse, Caetano riscou." Em ANTUNES, José Freire, *Cartas Particulares a Marcello Caetano*, p. 33.

[234] Eduardo Metzner Leone, em carta datada de 29 de Março de 1974, escreveu o seguinte a Marcello Caetano: "Embora ele fosse lapidar no que dizia, as suas lições de portuguesismo não eram acessíveis às massas, a quem deveriam destinar-se. Ora, com V. Exa., deixou de acontecer isso, que foi um dos maiores erros da política do seu antecessor, e tanto contribuiu para divorciar o povo do governo." Em ANTUNES, José Freire, *Cartas Particulares a Marcello Caetano*, p. 259.

tuguesa. É indubitável que o país deseja continuidade da ordem, da paz social, da moeda estável, do progresso económico seguro, da defesa do Ultramar. Mas é patente igualmente que todos desejam mais rapidez nas decisões, mais vivo ritmo no desenvolvimento económico e cultural, mais directo ataque às questões fundamentais de que depende o bem-estar geral."[235]

A satisfação do "bem-estar geral", conseguida entre 1968 e 1973 graças a um notável crescimento económico (que chegou a ultrapassar a taxa de 6% ao ano), foi um precioso bálsamo do governo marcelista. Caetano havia lançado a semente com os PF, obra sobretudo sua, e agora era ele também quem colhia os frutos. Semelhantemente, a interrupção provocada pela guerra israelo-árabe, o aumento abrupto do preço do petróleo (especialmente para Portugal, por ter colaborado com os EUA no apoio a Israel) e consequente crise económica generalizada, iriam por certo contribuir para o fim do marcelismo.

Revelando pequenas reminiscências salazaristas, para quem não havia "nada mais inútil do que discutir política" e os "problemas ou se resolvem ou não", Caetano aproveitou o bónus económico e converteu-o em pragmatismo político: "dou todo o seu valor à Política mas não ignoro que esse valor só se realiza através de boa e eficaz administração."[236] Coerente com a sua intenção de informar (doutrinar) os portugueses, fez no seu primeiro discurso aos deputados da AR um autêntico manifesto de intenções – deficientemente político e manifestamente administrativo –, onde abordou todos os vértices da acção governativa que pretendia empreender, com uma clareza diametralmente oposta à empregue relativamente às questões de fundo (nomeadamente a questão ultramarina, tratada no próximo subcapítulo).

Assente na "estabilidade da ordem constitucional", porque "as perturbações políticas e sociais pagam-se muito caro – e empobrecem os povos", Caetano sabia que tinha de vencer o desgaste provocado por quarenta anos ao som do disco salazarista: "temos de nos valorizar, como indivíduos e como colectividade, temos de trabalhar, temos de conduzir-nos com decisão e com vontade de vencer." Fiel a si próprio, também não iludiu: "o Governo não poderá, por todas as razões, afastar-se da política de austeridade até aqui seguida". Prosseguindo, afirmou a necessidade de "ir acorrendo às precisões mais urgentes da administração pública e de prosseguir com tenacidade a política de fomento sem a qual pararia em grande escala o desenvolvimento do País."[237]

---

[235] CAETANO, Marcello, *Pela Recta Intenção de Bem Servir o Povo Português*, p. 16.
[236] Idem, *Ninguém pode escusar-se a cumprir deveres para com a pátria*, discursos proferidos, em Maio de 1969, na cidade do Porto, SEIT, p. 8.
[237] Idem, p. 11.

Os discursos dos primeiros meses de governo são marcados, sobretudo, pela "moderação". Caetano media o pulso às diversas sensibilidades no poder. Tinha o cuidado de não criar logo a "cisão", segundo avisara F. Nogueira, mas também talvez se encontrasse ainda em processo de definição política. Até porque, pese embora esperasse há décadas que Salazar não durasse para sempre, ninguém esperava que ele subitamente caísse duma cadeira. Vai, por isso, apresentando os projectos 'menores'.

Ainda em relação à administração pública, diz estar "no ânimo do Governo o estudo e a execução de uma séria reforma administrativa", imediatamente 'moderada' porque "para ser séria não pode ser precipitada." Relativamente ao II PF, afirmou "a preferência aos investimentos de maior reprodutividade imediata", embora tenha avançado com projectos como Cabora Bassa, sobretudo os "relativos ao bem-estar rural e às infra-estruturas sociais tais como a electrificação, os abastecimentos de água, as redes de transportes e de comunicações[238] e outros que permitam maior conforto na vida no campo e proporcionem às indústrias as indispensáveis economias externas". Através do PF, ao qual deu "muito trabalho" e pôs "alguma paixão", disse Marcello, "pôs-se de pé o Instituto Nacional de Investigação Industrial. Delineou-se o Banco de Fomento. Grandes realizações como a Siderurgia Nacional, o Estaleiro Naval de Lisboa, a electrificação da linha férrea entre o Entroncamento e o Porto, a ponte sobre o Tejo, para só mencionar estes, datam do II Plano"[239].

No domínio da "política social", anunciou que "a situação dos trabalhadores rurais merecerá especial cuidado, por dever de justiça e até por necessidade de fixar nos campos a mão-de-obra de que a agricultura carece", prometendo o "abono de família para os rurais, a que se seguirá, com a prudência aconselhável de modo a não sobrecarregar demasiadamente os produtores, a extensão dos benefícios de assistência na doença e da previdência." A "prudência", elevada a virtude por excelência do regime, por certo aconselhava Caetano a não perder o apoio do grupo social que constituía, para Salazar, a "reserva moral" da Nação. Convinha por isso dar-lhe mais do que "uma côdea de pão" e um "caldo". Relativamente à educação, pressentindo porventura "o surto de anarquia" que poderia estar a germinar, reconheceu a escassez dos quadros docentes e a exiguidade dos locais de ensino, mas procurava principalmente conquistar "a juventude e os educadores", assegurando-lhes que "podem estar

---

[238] Ver BARBOSA, Márcio, *Câmara Municipal de Celorico da Beira: infraestruturas e desenvolvimento – 1950/74*, C. M. Celorico da Beira, 2008. Efectivamente, verificou-se um exponencial acréscimo na construção de infraestruturas básicas no interior do país durante o governo de Marcello.
[239] CAETANO, Marcello, *Louvada seja a terra, louvada seja a água...*, discurso proferido na inauguração da obra de rega dos campos do mira, em 11 de Maio de 1969, p. 5.

certos de que o Governo continua atentíssimo a todos os seus problemas." E para os resolver somente lhes pedia (exigia) que colaborassem "num esforço comum orientado para seu bem."[240]

Concomitantemente, Caetano sondava a opinião pública, de cuja 'formação' começara a tratar nas "Conversas em Família", quando afirmava, em jeito de interrogação, "claro que alguns se alarmam julgando que se está a ir longe de mais, enquanto outros consideram tímidas as realizações e pedem melhores provas da sinceridade dos propósitos", e solicitava-lhe o direito ao contraditório político, confirmando, precisamente, a "sinceridade dos propósitos" com a "execução das obras". A "acção" que tanto reclamou de Salazar, gerava, naturalmente, um "eco favorável" no país. Sobretudo em alguns colaboradores mais activos, que faziam questão de o manifestar. A este título, é exemplificativa uma missiva de Adelino Amaro da Costa, onde escreve que "a reforma da educação" e "a iniciativa do complexo urbano-industrial de Sines", entre outros, são uma parte do que "V. Ex.ª [M. Caetano] já legou ao País e, em relação ao qual, como cidadão, me permito exprimir inteira solidariedade e reconhecimento."[241]

Marcello Caetano terá interpretado favoravelmente a receptividade à informal sondagem que vinha fazendo. A confiança política demonstrada durante o ano de 1969, visível numa certa ousadia e superior definição patente nos seus discursos, embora sem nunca pôr em causa a "ordem constitucional", permitia-lhe sonhar com o fim do que definia como "o risco desse entorpecimento quando as estruturas se ancilozam na rigidez do estatuto legal e as funções se cumprem ao ritmo da burocracia."[242] O recado para os "velhos do Restelo" salazaristas estava dado e o presidente do Conselho parecia então querer assumir o risco de descobrir um caminho de legitimidade alternativo a Américo Thomaz e a tudo o que ele representava.

Em Maio de 1969, na cidade do Porto, apresentando "um programa muito simples: servir os interesses profundos da Nação", manifestou a vontade de "andar depressa" e de "ajustar a um programa de desenvolvimento acelerado uma administração eficazmente ajustada". Sem que a Nação (neste caso, os grandes grupos económicos e os jovens "tecnocratas") lhe manifestassem esse "interesse", muito pelo contrário[243], assumia que "o Estado deve tomar resoluta-

---

[240] Idem, *Ninguém pode escusar-se a cumprir deveres para com a pátria*, pp. 12-14.
[241] ANTUNES, José Freire, *Cartas Particulares a Marcello Caetano*, p. 40.
[242] CAETANO, Marcello, *Ninguém pode escusar-se a cumprir deveres para com a Pátria*, p. 10.
[243] "Com Marcello Caetano tive horas e horas de discussão. Falei muito com o próprio almirante Américo Thomaz e com outros políticos da altura. Disse-lhes sempre a minha preocupação de que, a não haver qualquer evolução, um dia as coisas acabariam mal." Entrevista a José Manuel de Mello. Em http//www.uc.pt/cd25a/wikka.php?wakka=ejmello.

mente na sua mão os comandos da vida económica para a nortear, para a impulsionar, para a disciplinar". Para tal e porque, tal como em relação à democracia, não acreditava nos benefícios do capitalismo e desconfiava seriamente da sua capacidade para enfrentar a ameaça socialista/comunista, propõe um "Estado Social". "Mas não socialista", alertava para os menos atentos e informados.

A definição para consumo em massa que apresenta para o seu "novo" estado não surpreendeu ninguém. Afirmava que era "social na medida em que coloque o interesse de todos acima dos interesses dos grupos, das classes ou dos indivíduos. Social por fazer prevalecer esse interesse mediante a autoridade que assente na razão colectiva. Social enquanto procura promover o acesso das camadas deprimidas da população aos benefícios da vida moderna e proteger aqueles que nas relações do trabalho possam considerar-se em situação de fraqueza." Mas também um Estado que "pretende conservar, dignificar, estimular até a iniciativa privada e animar as empresas a fazer aquilo que o Estado nunca poderia realizar sozinho."[244] Obviamente, tratava-se do mesmo "Estado Corporativo" projectado em 1933. Luís Reis Torgal realça, num artigo incluído na obra *Estados Novos Estado Novo*, intitulado "Marcelismo, «Estado Social» e Marcello Caetano", enquanto "operação de cosmética", a realização do 1º Congresso da Acção Nacional Popular (ANP) "sob o conceito de «Estado Social»", em Maio de 1973[245]. Na realidade, Caetano, como vimos, apresentou o "Estado Social" logo em 1969 e o conceito correspondia integralmente ao "Estado Corporativo", apenas se verificando uma (pouco) "cosmética" actualização semântica. Inclusive, em 22 de Maio de 1969, no último discurso duma série de quatro proferidos no Porto, com o inequívoco título de "o Estado Corporativo é um Estado de justiça social", afirmou "em voz alta acerca da oportunidade e do futuro do corporativismo português."[246]

Uma das colaboradoras da obra *A Transição Falhada*, coordenada por Fernando Rosas e Pedro Aires Oliveira, Fátima Patriarca, refere-se ao "Estado Social" como "a caixa de Pandora", devido, muito sinteticamente, ao facto de "no domínio das relações entre o capital e trabalho", Marcello ter realizado "algumas reformas de indiscutível impacto, que tendem a retirar os sindicatos da tutela directa do Estado, a aumentar o seu âmbito geográfico e profissional e a conceder-lhes meios efectivos de negociação."[247] Ou seja, as reformas introduzidas por Marcello permitiram abrir os sindicatos à influência da oposição

---

[244] CAETANO, Marcello, *Ninguém pode escusar-se a cumprir deveres para com a Pátria*, p. 10.
[245] TORGAL, Luís Reis, *Estados Novos Estado Novo*, pp. 615-673.
[246] CAETANO, Marcello, *idem*, p. 33.
[247] ROSAS, Fernando e OLIVEIRA, Pedro Aires, *A Transição Falhada*, Notícias Editorial, Lisboa, 2004, p. 173.

(sobretudo a oposição não democrática, polarizada no PCP), transformando-se num foco de agitação e contestação do regime. Contudo, para além de se afigurar desproporcionada a significação atribuída ao conceito de "Estado Social", o facto é que, no essencial, tratava-se do corporativismo idealizado por Caetano e adiado por Salazar há mais de três décadas. Estas reformas, com a importância que inegavelmente assumiram, devem ser enquadradas na estratégia de desanuviamento e actualização promovida por Marcello. Aliás, o próprio Mário Soares (figura destacada da oposição democrática) falava, nos seus *Escritos Políticos*, em 1969, numa "certa evolução ou rejuvenescimento, nos métodos de acção e no estilo" e em "descompressão política muito controlada" por parte do novo presidente do Conselho[248].

A curto prazo, o maior desafio político para Caetano e, não menos importante, o maior que ele se auto-impôs, foi o processo eleitoral que tinha lugar nesse ano de 1969. Cujo sucesso processual – que pretendia "livre" e de "modo ordeiro" – se converteu num projecto político capital para Caetano. Foi a saída que encontrou para conseguir a legitimidade de que necessitava e, do ponto de vista internacional, a botija de oxigénio para mergulhar o mais calmamente possível no problema ultramarino. Porém, como bem lembra Vasco Pulido Valente, "Marcello nunca descreveu as eleições de 1969 como eleições *livres*, mas como «as mais livres», «honestas» ou «correctas» da história portuguesa."[249]

Mas para que fossem, efectivamente, "as mais livres", havia que dar sinais (por ténues que fossem) de "liberalização" política. Nesse sentido, a opção liberalizante recaiu no convite a jovens (profissionais) liberais para integrarem as listas da então ainda UN, sem o compromisso de filiação na monopolizadora "associação cívica". Dessa "ala liberal" faziam parte futuros sociais-democratas como Sá Carneiro, Mota Amaral e Pinto Balsemão (fundador, em 1973, do incómodo jornal *Expresso*).

À imagem do que fizera Salazar quarenta anos antes, também Caetano tentava renovar as fileiras do poder. Mas, rapidamente, tanto Marcello como os deputados "liberais" se aperceberam do engano cometido. Sá Carneiro fê-lo antes mesmo das eleições. A 3 de Outubro de 1969 escreveu o seguinte a Marcello: "como disse, se houver possibilidade de eu ser substituído na lista da UN, o meu lugar está inteiramente ao dispor. Assim se evitariam as consequên-

---

[248] SOARES, Mário, *Escritos Políticos*, Lisboa, Editorial Inquérito, 1969. Cit. em TORGAL, Luís Reis, *Estados Novos Estado Novo*, p. 627.
[249] VALENTE, Vasco Pulido, *Marcello Caetano: as desventuras da razão*, Gótica, Lisboa, 2003, p. 62. CAETANO, Marcello, *Pela Segurança, Bem-estar e Progresso do Povo Português*, discursos proferidos na Conferência Anual da ANP que teve lugar no Palácio dos Congressos, no Estoril, em 28 de Fevereiro de 1972, p. 12.

cias de um equívoco que não quis e para o qual de modo algum contribuí."[250] Caetano só mais tarde se aperceberia da situação embaraçosa que criara. A 5 de Maio de 1971 escrevia o seguinte a Sá Carneiro: "participar, aliás, não é obter tudo quanto o participante propõe, mas apenas [sublinhe-se] ter ensejo de intervir." Mais à frente, na sequência da apresentação, por parte da "Ala dos Liberais", do ousado projecto da Lei de Imprensa, diz: "como oportunamente tive ensejo de lhe dizer, não me foi dado conhecimento oportuno das condições em que os signatários se dispunham a aceitar as candidaturas na lista da União Nacional. Se o tivesse tido, nunca aceitaria a isenção do mínimo de disciplina política que a inscrição nessa lista inculcava ao eleitorado existir."[251]

Com esta, apesar de tudo, tentativa de abertura, impensável com Salazar, a que se juntou o regresso do exílio de personalidades como o Bispo do Porto (por quem intercedeu Sá Carneiro[252] e cuja entrada em Portugal representava, para os "ultras", a "própria perda das nossas possessões ultramarinas"[253]) e Mário Soares, Caetano tentava puxar (de forma displicente, diga-se) o tapete à "oposição" e, mais uma vez, reclamar, interna e externamente, o seu direito ao contraditório. Os resultados do propósito facilmente se anteviam com o decurso da campanha e com as próprias eleições, que foram, novamente, "tão livres como na livre Inglaterra" como as da era Salazar – uma fraude. Diremos apenas, relativamente ao conceito de "liberalização" de Caetano que, contrariamente ao imaginado pelo ingénuo entusiasmo gerado pela "Primavera", o radical da palavra não era liberdade mas sim liberal (um anacronismo desse "doce viver", segundo palavras suas, da segunda metade do século XIX).

No discurso de encerramento da campanha eleitoral, em 24 de Outubro, transmitido na RTP e RDP, respondeu o seguinte à sugestão de "regressar ao regime dos partidos: estaremos nós dispostos a tolerar a intromissão na vida política portuguesa de partidos filiados, dependentes e observantes de internacionais, seja a segunda ou seja a terceira, apresente-se ela colorida com o amarelo do socialismo ou o vermelho cor de sangue do comunismo?" Pelo que fazem todo o sentido as afirmações de Diogo Freitas do Amaral, que defende que, "em matéria de liberdades, a posição pessoal de Marcello Caetano situa-se precisamente a meio caminho entre o totalitarismo e a democracia", assim como a ideia de que o antigo "benjamim" das cúpulas da UN "não acredita no

---

[250] ANTUNES, José Freire, *Cartas Particulares a Marcello Caetano*, p. 314.
[251] *Idem*, pp. 317-318.
[252] Ver carta nº 194, de Sá Carneiro dirigida a Marcello Caetano. *Idem*, pp. 311-312.
[253] *Idem*, p. 242.

sufrágio universal: para ele, o importante não é o poder ser exercido pelo povo, ou em nome dele, mas ao serviço da colectividade."[254]

O paradoxo da legitimação do sucessor, por nomeação presidencial, do longevo ditador por via eleitoral (fraudulenta), foi acompanhado pelo paradoxo pessoal de Caetano: o seu passado (lembrado, nomeadamente, por Soares) contra os "ventos" da democracia. Não deixa, por isso, de surpreender a forma (confiante ou inquieta?) como expôs o que classificou como "dilema", a fechar a campanha: "reforma ou revolução, foi a outra opção que apresentei na última vez que falei aos telespectadores." Pedia aos eleitores (que eram em bem menor número que os portugueses) que "não se iludam", se portem com "cordura", porque, avisava o professor num tom paternalista, "para muitas pessoas o que o Governo tem a fazer é intensificar a acção da polícia, endurecer a intervenção da censura, reprimir a todo o custo todas as actividades contrárias à ordem social."[255] A confirmar o aviso, como se necessitasse de confirmação, e também a recordar, sob a forma de negativo, o passado, a oposição publica a colectânea de "textos e documentos indispensáveis a uma verdadeira história da «Oposição Democrática» em Portugal", intitulada "Para um Dossier da Oposição Democrática", que "acabou de imprimir-se em 11/10/69"[256]. Ou seja, a oposição respondia, com indesmentível "cordura", ao aviso do presidente do Conselho.

Caetano pretendia "consenso" por troca com uma solução de "compromisso", ambas sempre dispensadas por Salazar. Solicitava compreensão para o "Estado Novo" por cumprir e que afinal, explicou, até era "Social". Reafirmava o anátema do socialismo, como o fez no passado em relação à monarquia – "hoje em dia, em que já se não põe a questão do regime político no nosso país [graças a ele!]" –, desembocando, inevitavelmente, na questão central "da vida pública portuguesa", bem como da sua vida, que era "o de prosseguir o destino de Portugal, aquém e além-mar, cumprindo cada vez com mais firmeza e com mais resolução as missões que o nosso tempo impõe"[257]. A própria oposição (democrática) sentiu a tentação de esperar em Caetano, reconhecendo que

---

[254] AMARAL, Diogo Freitas do, *O Pensamento Político de Marcello Caetano*, em O Independente, 17 de Setembro de 1993.
[255] CAETANO, Marcello, *Temos Agora de Votar*, alocução em 24 de Outubro de 1969, através da rádio e da televisão, SEIT, 1969, pp. 10-11.
[256] Integra os seguintes textos: "À Nação", de Norton de Matos; "Manifesto à Juventude", do MUD Juvenil; "Manifesto", de Quintão Meireles; "Aos Portugueses", de Arlindo Vicente; "Proclamação e Discurso", de Humberto Delgado; "Carta do Bispo do Porto"; "Programa para a Democratização da República"; "Manifesto ao País" (eleições de 1965); "Plataforma de S. Pedro de Muel" (eleições de 1969).
[257] CAETANO, Marcello, *Ninguém pode escusar-se a cumprir deveres para com a Pátria*, p. 11.

com ele "se desanuviou um pouco a atmosfera anteriormente asfixiante"[258]. E talvez tivesse fraquejado, não fora, possivelmente, a "asfixiante" questão ultramarina – a Guerra.

3.2. A Questão Ultramarina: inquietação ontológica

A revisão constitucional de 1951 inaugurara, no seio do regime, a abertura da mais dolorosa inquietação: que rumo adoptar em relação ao ultramar (leia-se império)? Até porque, no fundo, significava o mesmo que equacionar o regime. Havia a percepção clara da mutação em curso no contexto internacional. Inclusive da parte de Salazar, que, quando o General Kaúlza de Arriaga[259] entrou para o governo, em 1955, ter-lhe-á mostrado um novo *Conceito Ultramarino Português*, elaborado, precisamente, a seguir à revisão constitucional de 1951[260]. Numa

---

[258] Sobre a situação da oposição na véspera das eleições de 1969, em parte provocado pela 'expectativa' liberalizante marcelista, em parte por 'culpa' própria, vale a pena reproduzir alguns excertos do Prefácio do "Dossier da Oposição Democrática", assinado por Serafim Ferreira e Arsénio Mota: "Ora, a forma como se processam neste momento as eleições para deputados, [...], demonstra que permanece uma «divisão» de raiz – uma divisão que quase se afigura lamentável, quando estão em jogo personalidades que sempre apregoaram em voz alta, por gestos e palavras, a sua radical e «democrática» oposição ao regime do Estado Novo. Quer a CDE (Comissão Democrática Eleitoral), quer a CEUD (Comissão Eleitoral de Unidade Democrática), quer ainda os candidatos que se designam como «Oposição Democrática», todos parecem apostados em confundir os dados dos problemas fundamentais da vida nacional". [...]
"Na verdade, a pretensão do Dr. Mário Soares ao publicar nesta altura um livro (intitulado *Escritos Políticos* e reunindo textos seus a partir *apenas* de 1965) revela que a «estratégia» é mais pessoal do que efectivamente política, uma vez que julgamos ser o grupo da CEUD aquele que mais se afasta da verdadeira solução dos nossos problemas essenciais (a começar pelo problema de África) e o que, por caminhos nem sempre bem esclarecidos, se aproxima de uma «estratégia» política em que o próprio governo parece estar interessado."

[259] Em entrevista concedida ao jornal *O Dia*, de 19 de Maio de 1992. Em BERNARDO, Manuel, *Marcello e Spínola: a ruptura: as Forças Armadas e a imprensa na queda do Estado Novo, 1973-1974*, Editorial Estampa, Lisboa, 1996, ps.32-33.

[260] *«Definir-se-ia nas seguintes oito alíneas, se bem que as quatro últimas deveriam ser consideradas, por alguns anos, como segredo de Estado, pois o seu anúncio prematuro seria drasticamente contraproducente, conduzindo fatalmente a autodeterminações precoces:*
a) *Manutenção firme do conjunto unido dos territórios portugueses europeus e ultramarinos, que o eram, em 1950.*
b) *Promoção, o mais acelerada possível, do seu processo económico, social e político, em particular educacional, de saúde e cívico.*
c) *Intensificação da implantação, nos mesmos territórios, da Solução Portuguesa de paridade, harmonia e dignificação étnicas, de coexistência de relações e crenças e de conciliação de culturas e tradições [...].*
d) *Tudo com a finalidade da consecução de um elevado grau de desenvolvimento global.*
e) *Conseguido esse grau de desenvolvimento promissor de autodeterminações autênticas (proposição fulcro da política ultramarina portuguesa, informação por forma exaustiva e isenta das populações dos territórios sobre as características e «modus faciendi» dos diversos arranjos políticos possíveis – unidade, federação, confederação, comunidade ou separação total), e sobre a natureza e positividade, no momento, da Solução Portuguesa.*

tentativa de manter a união, aparentemente indiferente na forma, dos territórios portugueses, propunha o rápido desenvolvimento global (social, cultural e económico) no sentido de consultar, posteriormente, as populações "sobre os arranjos políticos na verdade desejados". Tudo isto evitando, naturalmente, interferências externas no processo. O eng.º Jorge Jardim, no seu livro de 1976[261], confirma, senão a intenção, pelo menos a ideia. Contudo, justamente porque pareceu existir uma consciência da perigosidade para que caminhava a nau capitaneada por Salazar, a displicência política com que se operou a revisão constitucional é, de facto, inquietante. Tratava-se, simplesmente, da velha doutrina integracionista, recuperando-se a igualmente velha querela semântica do séc. XIX entre "províncias ultramarinas" e "colónias"[262]. Apenas isso.

O ex-benjamim das cúpulas da UN, Marcello Caetano, fora um defensor da descentralização administrativa e financeira das então renomeadas Províncias Ultramarinas. Não conseguira nada. Onze anos depois, segundo referimos, apresentou secretamente a Salazar o plano para a criação dos "Estados Unidos Portugueses". No mesmo ano de 1962, Manuel José Homem de Mello, por seu lado, publicou o livro *Portugal, o Ultramar e o Futuro*, que, segundo próprio autor, "não era uma tentativa de solução. Era uma tentativa de tocar o sinal de alarme no sentido de indicar que a solução oficial é que não era solução."[263] Dito de outra forma, a inquietação era pública.

A solução oficial parece ter sido a encenação política dos *Lusíadas* de Camões. A conversão do poema épico em manual político. Considera-se que Salazar foi um autista ou um asceta, incapaz de apreender e adaptar-se às transformações profundas verificadas, sobretudo, após a II GM. Na verdade, possa embora ter sido tudo isso, talvez se tenha convencido de que aquele anónimo dos painéis de Nuno Gonçalves, cuja semelhança com o ditador foi tão explorada na década de 30, fosse efectivamente um sinal indelével da sua predestinação histórica. A este respeito, relatou George Ball (enviado por Kennedy), em Agosto de 1963, sobre

---

f)   *Em seguida, consulta geral e igualmente isenta, das mesmas populações, sobre os arranjos políticos na verdade desejados.*

g)   *Por fim, adopção efectiva e rigorosa das opções verificadas na consulta.*

h)   *Tudo prevenindo interferências estrangeiras ou de terceiros.»* Ibidem.

[261] JARDIM, Jorge, *Moçambique Terra Queimada*, Lisboa, Intervenção, 1976.

[262] Vide ALMEIDA, General João de (1873-1953), *Nacionalismo e Estado Novo*, Conferência realizada no Teatro de São Carlos em 26 de Maio de 1932, Separata do nº 84 do "Boletim Geral das Colónias", Lisboa, 1932. Esta obra conheceu novas publicações e divulgação por altura das comemorações do "Ano X da Revolução Nacional", em 1936. O autor, apesar de alinhar com o novo regime, crítica duramente a adopção da terminologia "colonial" em detrimento da terminologia "ultramarina", de modo algum inadequada à própria doutrina integracionista.

[263]   Em entrevista ao jornalista João Paulo Guerra, reproduzida na sua obra *Descolonização portuguesa: o regresso das caravelas*, p. 26.

o reexame ao regime português, o seguinte: "Portugal afinal não é governado por um simples autocrata, mas por um triunvirato: Salazar, Vasco da Gama e o Príncipe Henrique, o Navegador. Os Portugueses estão a viver noutro século"[264]. A mística expansionista portuguesa perdia acuidade política mas ganhava, em pleno séc. XX, um incansável D. Quixote: "os americanos ou conseguem matar--me ou eu morro. Caso contrário, terão de lutar anos para deitar-nos abaixo!"[265] Sem dúvida, digno de um épico clássico. Sonhado, escrito, protagonizado e aplaudido por Salazar. Que missão!

O conhecido título de Hobsbawm, *A Era dos Extremos*, aplica-se com especial concordância ao salazarismo e à gestão da política externa portuguesa, sobretudo após o eclodir da guerra. No plano interno, inculcava-se "ordem" nas ruas e "brandos costumes" nos espíritos. No plano externo, a questão atingira o ponto extremo de "vida ou morte". Como fazer evoluir um regime em que nada se fazia contra e sem Salazar? As questões de Estado eram questões pessoais do presidente do Conselho. Sobretudo a mais delicada e absorvente: a questão ultramarina. No sentido de combater a impassibilidade política que bloqueava a opinião pública portuguesa, Caetano vai começar por responder com pragmatismo (e com a imprescindível dose de moderação), expondo abertamente a questão nos seus discursos. Isto representou uma mudança significativa no quadro político português.

No início do discurso de 27 de Novembro de 1968, ante os deputados da AR, Marcello dá o primeiro sinal de mudança: "todos nós [?] temos consciência da importância fundamental que o Ultramar reveste hoje na vida pública portuguesa." O que pode parecer retórica discursiva, quando afirma que "tal persistência" não "resultava de mera teimosia pessoal do Doutor Salazar" e "que a posição de Portugal não podia ser outra", seria na verdade franqueza: "Portugal é responsável pela segurança das populações e pela preservação de tudo o que elas criam e de que elas vivem." Seria também, nesta fase inicial do seu mandato, uma tentativa de consciencialização da Nação para os perigos de confiar na falsa segurança transmitida pela governação total de Salazar. O responsável pela embaixada americana radicada em Lisboa assinalou a mudança: "a coisa mais notável no discurso político de Caetano é que evita a retórica salazarista e os clichés tradicionais sobre a África portuguesa."[266] Pacientemente e sem força, põe fim às "tesuras verbais"[267] do seu antecessor: "não declarámos

---

[264] Cit. em ANTUNES, José Freire, *Cartas Particulares a Marcello Caetano*, p. 31.
[265] Citação de Salazar por Franco Nogueira. Em ANTUNES, José Freire, *idem*, p. 31.
[266] *Idem*, p. 32.
[267] Expressão utilizada por Caetano referindo-se à atitude do "partido militar" (salazarista) durante a campanha presidencial de 1958. Em CAETANO, Marcello, *Minhas Memórias de Salazar*, p. 583.

guerra a ninguém. Não estamos em guerra com ninguém. [...] Defendemo-nos. Defendemos vidas e haveres."[268]

O cuidado em evitar o que o embaixador americano, no supracitado relatório, definiu como "sentimentos de oposição da parte dos ultra-direitistas" não embargou uma indisfarçável manifestação de propósitos, ao afirmar que defendia "a evolução firme e segura, mediante a qual os territórios vão amadurecendo para o pleno desenvolvimento económico e cultural de modo a permitir a participação progressiva dos nativos nas tarefas da administração e do governo."[269] Desta forma, Caetano expunha publicamente soluções sobre as quais Salazar apenas sussurrava em documentos ultra-secretos, destinados a nunca sair da gaveta. No sentido de conquistar, ou simplesmente apaziguar, os "ultra-direitistas", professa "os verdadeiros interesses dos povos integrados na Nação Portuguesa e que dentro dela podem, sem sobressaltos, prosseguir os seus destinos". Mas em vão o fazia. Até porque a afirmação encaixava na perfeição com os "Estados Unidos Portugueses" planeados seis anos antes. Plano entretanto agitado traiçoeiramente por esses mesmos "ultra-direitistas".

No fundo, Marcello seguia uma estratégia que se poderia resumir no seguinte: agradar o suficiente para operar mudança sem desagradar totalmente às diversas sensibilidades do regime. Sob o perigo constante decorrente do facto de que tocar no salazarismo era o mesmo que destruí-lo, o que constituía um autêntico "complexo de Édipo" pessoal de Caetano.

Segundo vimos no I Capítulo, Caetano recebera em 1944 a pasta das Colónias com grande entusiasmo. O relato que lega nas *Minhas Memórias de Salazar* da conversa tida com Salazar merece algum aprofundamento. No momento em que lhe oferecia a pasta em questão e o tentava aliciar (como se fosse preciso) a aceitá-la, o presidente Salazar terá dito: "está no Ultramar [que então ainda se chamava Império Colonial] o futuro da Nação, o seu grande destino histórico." A única objecção colocada então por Caetano foi em relação ao "carácter centralizador que [o Império Colonial] tem agora". Recebeu como resposta a afirmação de "ter chegado a altura de começar a mudar de rumo", que "é tempo de descentralizar" e de "maior autonomia", porque era preciso "contar com as ideias que depois da guerra hão de vir da América do Norte." Caetano "folgou muito por ouvir isso" e declarou-se "um partidário convicto da autonomia das colônias."[270] Ora, se por um lado Salazar confirmou o conteúdo do relato na Revisão Constitucional de 1951, concretizada exclusivamente como

---

[268] CAETANO, Marcello, *Pela Recta Intenção de Bem Servir o Povo Português*, Secretaria de Estado da Informação e Turismo, 1968, p. 6.
[269] *Ibidem*.
[270] CAETANO, Marcello, *Minhas Memórias de Salazar*, pp. 181-182.

resposta às ideias que vieram da América do Norte, por outro lado, Caetano apresenta-se nesta sua obra de auto-justificação histórico/traumática pós-25 de Abril na vanguarda duma linha política que, como seria lógico, mais de vinte anos depois, estaria ansioso por aplicar aquando da sua chegada ao poder. No entanto, não só não o fez imediatamente, como preparou a Nação para a eventualidade (bastante provável) de não o fazer ("eu próprio sofreio a cada passo a minha paciência", disse Caetano). Porquê? Porque custava! Pateticamente, actualizou uma célebre frase do antecessor, para dizer que "se as pessoas fizessem ideia do que custa, em preparação, em estudo, em remoção de obstáculos, em decisão, e geralmente também em dinheiro, tocar num problema qualquer!"[271]

O "partidário convicto" de 1944 observava em 1968 que "tudo surge eriçado de espinhos quando há que fazer uma reforma que não seja mera ilusão demagógica". Afirmara que o esperavam "ciclópicos trabalhos", mas afinal estes eram sobretudo criação sua ao definir como missão do seu governo "corresponder a este duplo anseio" – a bem definida "continuidade da ordem, da paz social, da moeda estável, do progresso económico seguro, da defesa do Ultramar" herdada do antecessor, por um lado, e, por outro, uma vaga "rapidez nas decisões, mais vivo ritmo no desenvolvimento económico e cultural, mais directo ataque às questões fundamentais de que depende o bem-estar geral." Surge evidente o desequilíbrio e incoerência desta equação (impossível), apenas escamoteada, na aurora marcelista, pelo sonho expresso no discurso pronunciado no Quartel-General da 1ª Região Militar, a 21 de Maio de 1969: "a crise actual é passageira, como passageiras têm sido outras crises análogas através da história." Unicamente um país que ainda vivia "só", apesar de já não ter orgulho nisso, poderia então acreditar em tal ilusão.

Depois de quatro décadas de modelação politológica, era natural que a generalidade dos portugueses não estranhasse e até entranhasse certos arcaísmos discursivos do novo presidente do Conselho. Herdara um problema, não podia deixar de herdar determinadas fórmulas. O facto de se tratar de um combate ideológico não suscita quaisquer dúvidas. O regime português insistia numa fórmula política, apesar de disfarçada por algumas originalidades, derrotada na II GM. As duas ideologias vencedoras (uma antagónica, a outra não coincidente) propunham-se vencer igualmente a reminiscência autoritária vigente em Portugal. Sem ser específico, dizia saber que "os adversários da nossa causa pretendem vencer-nos minando ideologicamente as resistências morais, suscitando sob formas variadas a subversão no próprio coração do País, conquistando posições de domínio da informação e da propaganda". Portanto, afirmava, "não

---

[271] CAETANO, Marcello, *Pela Recta Intenção de Bem Servir o Povo Português*, p. 16.

podemos ser tão loucos que lhes demos liberdade à toa, desarmando o Estado em face do envenenamento da opinião e tornando-o impotente para prevenir e reprimir os atentados contra a segurança interna e exterior da Nação." É certo que discursava para os militares, mas a forma como simula vencer a ingenuidade dos portugueses manobrando com essa mesma ingenuidade para justificar a inoportunidade política do que havia prometido, vence também, instantaneamente, o auto-retrato esboçado nas *Minhas Memórias de Salazar*. Aliás, é interessante relembrar, à guisa de comparação, o seguinte: Salazar prorrogara e justificara o endurecimento político (e a ele próprio) com a Guerra. O "delfim", por força dos factos e não por estratégia, não evitou fazer o mesmo. Com a diferença capital de, no caso deste, isso não ter contribuído para a consolidação do seu poder. Muito pelo contrário.

Quem certamente se terá apercebido disso foi Franco Nogueira, o que em muito terá concorrido para a sua saída do governo. No discurso de despedida do seu ministro dos Negócios Estrangeiros, em 6 de Outubro de 1969, Caetano esforçou-se por capitalizar a seu favor o vazio então criado no governo com a saída do membro mais destacado do sector "ultramarinista". Sob o título afoito de "Portugal não pode ceder", inicia o discurso com os elogios da praxe, justificando a demissão com "razões muito respeitáveis de carácter particular". Disse, referindo-se ao demissionário, que "tendo partilhado da definição de uma política externa, acreditou sempre na verdade e na virtude dela." Definição essa que Marcello agora assumia, como se Salazar nunca tivesse existido. Reafirmou então "que a defesa do Ultramar português não afrouxará no plano diplomático, como não fraquejará no plano interno." Professava o desígnio de defender a política oficial contra os que a atacavam, "capitulando-a de colonialista, de opressora, de nociva às classes trabalhadoras, de tudo o mais que possa denegri-la" e enumera uma série de razões que a justificam[272]. Claramente, estas palavras enquadravam-se com o discurso do próprio F. Nogueira, que se pode resumir nas seguintes palavras: "quanto às grandes assembleias internacionais, em particular as Nações Unidas, ninguém hoje no mundo acalenta já ilusões sobre as suas virtudes: estão desacreditadas, desprestigiadas, impotentes. (...) Será legítimo que tomemos decisões definitivas e finais para satisfazer uma organização em crise? Não tenhamos dúvidas: se nos subordinarmos à organização de Nova Iorque, e acatarmos as suas injunções arbitrárias, perderemos segu-

---

[272] CAETANO, Marcello, *Portugal não pode ceder*, discurso pronunciado no Palácio das Necessidades em 6 de Outubro de 1969, SEIT, 1969, pp. 5-10.

ramente o Ultramar, mas decerto conquistaremos as boas graças da ONU. (...) Como é que a perda do Ultramar é compensada pelas boas graças da ONU?"[273]

Esta linha discursiva e a ideia de que não passaria de um piscar de olhos ao sector "ultra" que Caetano tanto temia, surge confirmada no mesmo discurso do Palácio das Necessidades. Pois quando se poderia pensar que a política de "vida ou morte" salazarista estaria a evoluir para uma política com um quadro clínico a apontar no sentido do coma, o presidente do Conselho afirmou o seguinte: "nunca professei a opinião de que Portugal, privado do Ultramar, estivesse condenado à perda da independência." Ora, este era, simplesmente, o principal argumento daqueles que defendiam a manutenção do *status quo* integracionista. Nomeadamente F. Nogueira[274]. Depois de apresentar as "razões pelas quais Portugal não pode ceder, não pode transigir, não pode capitular na luta que se trava no Ultramar", abre caminho a uma solução e reclama tempo e compreensão para a implementar: "devemos estar abertos a tudo quanto pacificamente possa ser feito no sentido da evolução natural das grandes províncias africanas." Recusando sempre, é bom sublinhar, "uma retirada que comprometeria por muitos anos, tudo quanto fizemos e preparámos durante séculos". Na entrevista concedida ao jornal carioca *O Mundo Português*, publicada em 25 de Junho de 1976, Caetano reafirmou a intencionalidade do discurso[275].

Já com as eleições legislativas no horizonte e que, segundo Marcello, "realizaram-se em torno do problema ultramarino", apresenta a questão para discussão pública, tendo sido, inclusive, "criticado pela direita do regime por ter deixado discuti-lo." E esta abertura foi uma das inovações do marcelismo. Interpretou, equivocamente, a receptividade à discussão como uma concessão de um "mandato indeclinável" (ou um cheque em branco). Na realidade seria a mesma expectativa primaveril numa liberalização, democratização ou transição política nunca por ele assumida. Na supracitada entrevista, quando questionado se não lhe parecia "que é contraditório dizer que recebeu um mandato para defender o Ultramar e confessar que admitia a preparação da independência dele?", responde que "não. O País – argumentou – condenava o entreguismo. Não podia congelar uma política. Uma coisa era repelir o abandono. Outra impedir que se

---

[273] NOGUEIRA, Franco, *Como é que a perda do Ultramar é compensada pelas boas graças da ONU?*, Secretaria de Estado da Informação e Turismo, Lisboa, 1969, pp. 4-5. Sobre a ONU, é interessante comparar a opinião de ambos. Na "Conversa em Família" de Janeiro de 1973, Caetano afirma o seguinte: "não são as Nações Unidas que terão capacidade, pois, para garantir quaisquer acordos de entrega do poder aos movimentos terroristas que a sua maioria acarinha, louva e apoia." Em CAETANO, Marcello, *O 25 de Abril e o Ultramar: três entrevistas e alguns depoimentos*, Editorial Verbo, Lisboa/S. Paulo, 1976, p. 24.
[274] NOGUEIRA, Franco, *Juízo Final*, Livraria Civilização Editora, 1992; *As Crises e os Homens*, Editora Ática, Lisboa, 1971.
[275] CAETANO, Marcello, *idem*, pp. 14-19.

procurasse a forma mais adequada de salvar os valores nacionais e humanos que o ultramar português representava. Era obrigação dos governantes procurar essa forma e ir explicando ao País o que convinha fazer para a executar."[276] Pese embora a linguagem justificativa que caracteriza todas as obras por ele assinadas no pós-25 de Abril, a verdade é que está em harmonia com os seus discursos. Contudo, seria porventura mais correcto concluir esta resposta não como o fez, dizendo categoricamente: "Foi o que fiz", mas sim: 'foi o que tentei fazer'.

Vasco Pulido Valente, no seu breve retrato psicológico e impressionista do consolado marcelista, *Marcello Caetano: as desventuras da razão*, sublinha a ideia de que, apesar de nunca ter declarado "expressamente as suas intenções", reclamava "o tempo indispensável" para a execução da sua política, que "consistia em preparar, por fases, primeiro a independência de Angola e depois a de Moçambique." Aliás, afirma ainda Pulido Valente, "a política oficial de «autonomia progressiva e participada» (isto é, multirracial) continha em si o embrião da independência".[277] De facto, os discursos corroboram a análise. A linguagem é ambígua. Teme enfrentar abertamente as tais "esquerda" e "direita" do regime, às quais dizia não pertencer. Mas as "intenções" estão lá. E nos primeiros anos, sobretudo até às eleições de 1969, porque era bem-intencionado, esperava que os portugueses lhe dessem o tempo necessário (nunca especificado) e o compreendessem. Numa das entrevistas do exílio, disse o seguinte a esse respeito, quando o entrevistador lhe atirou que, contrariamente ao Dr. Salazar, os portugueses "entendiam muito bem o que dizia, mas não percebiam o que queria...": "se entendiam muito bem o que eu dizia e se as minhas palavras exprimiam o meu pensamento, claro que tinham de saber o que eu queria... a diferença está em que o Doutor Salazar governou em um longo período de estabilidade e falava afirmando as suas certezas. A mim coube-me uma época de transição em que tinha de ser cauteloso para ir conduzindo as coisas com jeito, certo de que as precipitações podiam conduzir, como se viu, à catástrofe..."[278]

O sonho comandava o discurso de Marcello. A fechar o discurso de 6 de Outubro, declarava que "o Mundo há-de compreender que este é o caminho verdadeiramente conveniente ao progresso e à paz. Mas primeiro é preciso que o afirmem os Portugueses. E estou certo que não deixarão de o fazer com energia, com empenho e com fé." Sonho acompanhado (e confirmado) pela inesperada frontalidade na exposição pública da inquietação em relação ao Ultramar. No último discurso antes das eleições, a 24 de Outubro, transmitido na rádio e na televisão, abandonou momentaneamente a "moderação" e "prudência" que

---

[276] CAETANO, Marcello, *O 25 de Abril e o Ultramar: três entrevistas e alguns depoimentos*, p. 16.
[277] VALENTE, Vasco Pulido, *Marcello Caetano: as desventuras da razão*, pp. 93-94.
[278] CAETANO, Marcello, *O 25 de Abril e o Ultramar: três entrevistas e alguns depoimentos*, p. 14.

religiosamente praticava e foi directo. Declarou "que é preciso pôr bem claro, no próximo sufrágio, que o povo português não era pelo abandono do Ultramar" e que "a autoridade do Governo para prosseguir interna e internacionalmente a política ultramarina será reforçada ou enfraquecida pelo comportamento do eleitorado." Vai ainda mais longe: "o dilema é este, repito: continuamos a defender o Ultramar ou entregamo-lo aos nossos inimigos?"[279]

O presidente do Conselho expunha desta forma o seu dilema interior. Vasco P. Valente sintetiza, a nosso ver, o drama que o envolvia: "Marcello não podia viver sem a legitimidade democrática e não podia (ou queria) viver com ela. Para sair deste devastador dilema, inventou as eleições «correctas» de 1969. Mas não bastava que o Governo afirmasse que elas eram válidas, para que elas o legitimassem. E não o legitimando, não legitimavam também a política africana."[280] Seja como for, é inegável que assumiu o risco. Aliás, governava no risco e estava consciente disso. Não hesitou por isso em liquidar publicamente os dogmas salazaristas: "a Pátria não se discute: eis uma proposição que ninguém pode pôr em dúvida." [...] Mas "isso não significa que todos cumpram esse dever. Uma coisa é o que deve ser, outra o que é. [...] Não ganharíamos em ignorá-lo. Nem é inteligente fazer de conta que o ignoramos." Semelhantemente, declarava a caducidade do isolacionismo que herdara: "temos de nos convencer de que não podemos continuar a viver alheados do drama da política contemporânea."[281]

Porém, o regime habituara-se a "fazer de conta" e tanto amigos como inimigos (íntimos) alinhavam na ficção. Os primeiros, como Eduardo Brasão, falavam-lhe na "possibilidade única dum renovamento sem solavancos", depois de "uma política notabilíssima de 40 anos construtivos, mas que [apenas considerava] já estava a envelhecer"[282]. O que se apresentava como um incentivo era, na verdade, um travão. Os segundos, entre os quais se destacava F. Nogueira, perpetuavam, dissimuladamente, a hipócrita "multirracialidade" oficial, que em

---

[279] Idem, *Temos Agora de Votar*, alocução em 24 de Outubro de 1969, através da rádio e da televisão, SEIT, 1969, pp. 8-9.
[280] VALENTE, Vasco Pulido, *idem*, p. 82.
A este respeito, André Gonçalves Pereira disse o seguinte: "Era já muito pouco favorável [a nossa opinião pública sobre o Ultramar em 1969]. E muitas vezes discuti isso com Marcello. Simplesmente entrávamos aí num círculo vicioso: eu argumentava com o cansaço, a evolução internacional, etc; ele contra-argumentava que tinha estado em África, referia o entusiasmo com que fora recebido... Um dia, disse-lhe que só haveria uma maneira de saber de facto o que o povo pensava: perguntar-lhe directamente! Contrapôs que "seria quebrar o mito". E acrescentou que se, por absurdo, houvesse um referendo para saber se Portugal devia ou não continuar em África, isso significaria a saída de Portugal... Claro que eu reconhecia a realidade deste dilema". Entrevista a André G. Pereira, em http://www.uc.pt/cd25a/wikka.php?wakka=eapereira.
[281] CAETANO, Marcello, *Temos Agora de Votar*, pp. 8-9.
[282] ANTUNES, José Freire, *Cartas Particulares a Marcello Caetano*, p. 241.

nada contribuía para o projecto político de Caetano e com a qual não se identificava ("conheço e amo África. Conheço e amo as suas populações", disse em 6 de Outubro de 1969). A este título é interessante recordar uma frase da missiva de F. Nogueira, datada de 8 de Janeiro de 1970: "Vossa Excelência pensa em considerar a possibilidade, que no passado foi encarada mas nunca efectuada, de nomear para o Governo, em cargo de subsecretário, alguma individualidade de cor, embora não para o Ministério do Ultramar, porque talvez fosse ali politicamente menos conveniente. Se tal possibilidade for de admitir, lembrarei os nomes dos drs. Júlio Monteiro e Aguinaldo Veiga (ambos caboverdianos)."[283]

Marcello Caetano, apesar de rodeado pelo jovem séquito "tecnocrata", era na verdade um homem solitário com uma "grande, ingratíssima tarefa". E raras foram as palavras de verdadeiro apoio e realismo em relação ao momento político. Entre estas destaca-se uma carta de Daniel Barbosa, com data de 9 de Abril de 1970, motivada pela "sensação da necessidade do apoio que o País precisa de lhe dar". Nesta expõe, com inusual desadorno, o problema central ultramarino e o regime ao qual também pertencia. "O Doutor Marcello Caetano – disse – herdou algo de muito difícil, não só por mercê do que é o mundo de hoje, mas de culpas, atrasos, desvios, que no País se cultivaram durante anos". Refere, irónico, que "de momento, todos querem o milagre"[284], e exorta-o a continuar "com coragem para a sua missão, despreze os homens de «mau servir»; e não transija nem com aqueles que, nas esquerdas ou nas direitas, lhe procurem criar dificuldades, muito embora se apresentem, por vezes, como devotados partidários seus. [...]" Porque se o fizer, defende, "o País acompanhá-lo-á, em compensação, com sinceridade, o entusiasmo e a compreensão que a sua honestidade política e pessoal merece." No fundo, solicitava-o, pelo menos aparentemente, a assumir por inteiro o risco de mudança. No que diz respeito, especificamente, ao Ultramar, toca, de forma surpreendente, sobretudo para alguém com a responsabilidade de Daniel Barbosa, num ponto delicado do problema: os interesses económicos. Refere o seguinte: "como é evidente, os grandes interesses empresariais e comerciais subsistiram [sic] no Ultramar, mesmo que o perdêssemos; sobretudo aqueles que se internacionalizaram nas suas ligações. Não é por eles, portanto, que nos estamos a bater, a oferecer as vidas dos nossos filhos.

---

[283] *Idem*, p. 64.
[284] No seguimento, diz: "e até alguns que durante tanto tempo se limitaram a «reverenciar» o que se dizia e a adular aquilo, ou aqueles, que entravaram possibilidades de um processo muito mais expressivo e muito melhor estruturado de que o que se conseguiu, dão, agora, largas a uma impaciência que, por vezes, tem algo de estranho, se não de calculismo..." Em ANTUNES, José Freire, *Cartas Particulares a Marcello Caetano*, p. 213.

[...] Mas não consinta que esses mesmos interesses se sirvam desse combate crucial e caro, para jogos encobertos de «proveito próprio» "[285].

Caetano defendeu a autonomia das colónias numa altura em que não se perspectivava ou equacionava a sua independência. Quando chegou ao poder, defendeu o mesmo, quando já só se perspectivava a independência. Uma transformação radical e profundamente condicionadora. Todo o edifício retórico caetanista vai ao encontro das palavras de Daniel Barbosa. A sua "missão", em relação ao Ultramar, exigia "coragem" e ultrapassava largamente os "grandes interesses". No fundo, para ele, o ultramar significava algo mais profundo do que os anacrónicos conceitos gamicos de "honra, proveito, fama e glória". Significava a presença portuguesa no mundo, a continuação (aperfeiçoada) do exemplo brasileiro, a persecução da idílica sociedade "multirracial", unida pela língua portuguesa. Aliás, o próprio Amílcar Cabral, em plena Guerra, considerou a língua portuguesa "uma das melhores coisas que os tugas nos deixaram", defendendo inclusive a sua manutenção – "se queremos levar para a frente o nosso povo, para avançarmos na ciência, durante muito tempo, teremos de utilizar o português".[286] A forma política seria sempre essa coisa vaga – a "possível" – que perpetuou a Guerra e a irresolução a que esta se viu condenada. A hora era de acção, como disse no primeiro grande discurso pós-eleitoral[287], mas ele não mais seria o protagonista.

3.3. A hora é de acção: a emergência do spinolismo

No capítulo da obra *Estados Novos Estado Novo* consagrado ao "marcelismo", a que já se fez alusão, Luís Reis Torgal faz uma "prevenção inicial" relativamente à aplicabilidade do sufixo "ismo" ao "período final do regime do Estado Novo", segundo citação do artigo da responsabilidade de António Reis na obra "Dicionário de História do Estado Novo", coordenada por F. Rosas e J. M. Brandão de Brito. Refere que a sua utilização "supõe, se não a existência de um sistema de pensamento ou de acção, pelo menos um processo original de agir ou de pensar, ou um movimento que se criou, independentemente da importância da matriz original. O certo, porém, é que – defende Reis Torgal – não existe propriamente uma lógica de originalidade política no período do governo de Marcello Caetano", utilizando-o apenas, apesar de reconhecer que "qualquer

---

[285] *Ibidem*.
[286] CABRAL, Amílcar; *Textos políticos* / Amílcar Cabral, [S.l.], PAIGC, [s.d.], 32 p. (Colonialismo e Luta de Libertação dos Povos Africanos, 5), p. 11-12.
[287] CAETANO, Marcello, *A Hora é de Acção*, discurso pronunciado no Palácio de S. Bento ao aceitar a eleição para Presidente da comissão central da Acção Nacional Popular, em 21 de Fevereiro de 1970, SEIT, 1970.

coisa de diferente aconteceu", porque "ele se tornou corrente a ponto de ser difícil suster a sua utilização."[288] Sem concordarmos com a dúvida levantada em relação ao "marcelismo", pois, com base no que se tem dito até aqui, o percurso e obra (política e intelectual) de Marcello e o período em que governou, apresentam originalidade "suficiente" para justificar o emprego do sufixo, esta prevenção inicial adequa-se inteiramente em relação ao conceito de "spinolismo" adoptado neste subcapítulo.

Vimos já as circunstâncias e o processo que conduziu Spínola ao cargo que o notabilizou. Não fora uma simples decisão de recurso de Salazar. O facto de a situação na Guiné se encontrar à beira do colapso indica o fim de uma estratégia e a necessidade de se enveredar por outro caminho. A escolha de Spínola significa, por isso, que ele representava, já em 1968, algo diferente, embora talvez não propriamente uma alternativa político/militar. Manuel Monge, um dos "spinolistas" (que eram, segundo este, um grupo de "oficiais que, tendo servido sob as ordens do general, lhe ficaram a guardar grande devoção e se identificavam com as suas posições políticas"), referiu que "já na Primavera de 1968 (em Paris era Maio), um grupo de oficiais de Cavalaria se reuniu para reflectir sobre o país e a guerra", que resultou em " algum alvoroço". E, tendo sido chamado pelo superior a dar explicações, "disse-lhe que faláramos no brigadeiro Spínola. Repare – realça Monge – que já então os jovens oficiais olhavam para ele, que mal acabara de embarcar para a Guiné..."[289]

Desde o primeiro instante, o "velho" adoptou uma atitude governativa mais política do que militar[290]. Transformou a "Grande Nação Portuguesa", do discurso oficial estadonovista, na "Nação pluricontinental e pluriracial" que insistentemente mencionava, por considerar possuir uma especificidade ímpar, citando, inclusive, o próprio Salazar quando este disse que "somos, além do mais, e a melhor título que outros, uma Nação Africana".[291] Baseando, contudo, a proposição no facto de os portugueses, segundo Spínola, assentarem "a sua acção na dignificação e promoção do homem"[292]. O rejuvenescimento discursivo spinolista, concomitantemente mais realista, promissor e pró-activo, acabou por atrair as atenções dos descontentes com o regime.

---

[288] TORGAL, Luís Reis, *Estados Novos Estado Novo*, pp. 615 e 616.
[289] Entrevista a Manuel Monge. In http://www.uc.pt/cd25a/wikka.php?wakka=emmonge.
[290] Em 24 de Outubro de 1972, escreve o seguinte a Marcello: "sou apenas um militar estruturalmente independente, a quem foi entregue a responsabilidade da solução de um problema que, sob uma falsa aparência militar, é fundamentalmente político; e que assim se viu forçado a invadir o campo da política na procura das soluções que melhor garantissem o bem-estar das populações da Guiné – o fulcro do problema." Em ANTUNES, José Freire, *Cartas Particulares a Marcello Caetano*, p. 157.
[291] SPÍNOLA, António de, *Por Uma Guiné Melhor*, p. 388.
[292] *Idem*, p. 128.

Monge lembra que "era indiscutivelmente na Guiné, onde, em termos de consciência política, se estava mais avançado" e que isso se devia "sem dúvida" a Spínola, "à sua pessoa e à sua acção dinamizadora. Recebia e despedia os batalhões metropolitanos com discursos que eram autênticos comícios..."[293] Transcrevemos aqui um exemplo, neste caso de despedida de soldados em Brá: "Portugal não é apenas um pedaço de terra habitada: é uma forma perene de viver, de pensar, de estar no mundo; é um sentimento que renasce em todos nós, com o despertar de cada dia, feito da soma de tudo aquilo de que gostamos, desejamos e tomamos para nós como tendo valor." [294] Por certo que, tendo em conta o estilo propagandístico, desde o primeiro instante que os objectivos do general do monóculo não se confinavam ao difícil território da Guiné.

Carlos Fabião (outro "spinolista", pelo menos no início) afirmou que, a dada altura, depois de mandar "embora uns tantos civis e militares que eram pouco competentes", convocou "uma reunião com todos os oficiais, onde nos disse que a guerra subversiva não se ganhava militarmente. E como tal não nos pedia que ganhássemos a guerra, mas que não a perdêssemos e, sobretudo, que lhe déssemos tempo, a ele, Spínola, para, como governador, descobrir a forma política de acabar com a guerra."[295] Esta postura cortava radicalmente com o monolítico discurso – "tu deves defender a pátria" – imposto aos militares e abria caminho, sem pesos, à consciencialização ou politização da baixa/média oficialidade. Spínola não só acompanhava a "abertura" discursiva de Marcello como rapidamente a ultrapassaria. O presidente do Conselho discutir publicamente a Pátria já fora arrojado, mas um general do exército e Comandante-chefe dizer aos seus subordinados, no mais difícil teatro de operações, que aquela guerra não podia ser ganha militarmente mas sim politicamente, marca uma ruptura, põe fim à gloriosa cegueira salazarista[296] e inaugura uma política "revolucionária" no contexto português.

Este aspecto adquire ainda maior relevância conquanto se enquadre o seu pensamento, "em primeiro lugar, embora de forma alguma exclusivamente, numa linha conceptual alicerçada na instituição militar, protagonizada por militares e transversal a todos os regimes políticos do séc. XX português até 1974, cujos níveis de permeabilidade político/ideológica seriam a priori limitados e secundários."[297]

---

[293] Entrevista a Manuel Monge. In http://www.uc.pt/cd25a/wikka.php?wakka=emmonge.
[294] SPÍNOLA, António de, *Por uma Portugalidade Renovada*, p. 14.
[295] Entrevista a Carlos Fabião. In http://www.uc.pt/cd25a/wikka.php?wakka=ecfabiao.
[296] "Não prevejo possibilidade de tréguas nem de prisioneiros portugueses, pois sinto que apenas pode haver soldados e marinheiros vitoriosos ou mortos." Carta de Salazar a Vassalo e Silva, 14 de Dezembro de 1961. Em GUERRA, João Paulo, *Descolonização portuguesa: o regresso das caravelas*, p. 29.
[297] BARBOSA, Márcio, *Spínola, Portugal e o Mundo: pensamento e acção política nos anos da Guiné – 1968-74*, em Revista de História e Teoria das Ideias, Vol. 28, Faculdade de Letras da Universidade de Coimbra, Coimbra, 2007, p. 393.

Caetano não se apercebeu do que se estava a gerar na Guiné. Preferiu sempre respeitar o poder formal e progressivamente inócuo da alta oficialidade, menosprezando os oficiais que faziam verdadeiramente a Guerra e a sua consciencialização "para a necessidade de intervir na área política."[298] Em 21 de Maio de 1969 ainda discursava para os militares pensando que estes continuavam "a bater-se galhardamente com o mais puro entusiasmo patriótico", dizendo-lhes que "importa que as virtudes militares fiquem incólumes" e que "importa preservar esta reserva de energias morais." Mostrava-se sensível ao problema dos "oficiais do quadro permanente [que] têm sido chamados a servir fora do continente europeu, em comissões sucessivas e árduas. [ ] São sacrifícios reais que o Governo não pode ignorar e a que não pode ficar indiferente." Mas ficou, porque só percebeu a dimensão do problema quando já era incapaz de o resolver.

Para os militares, a "Primavera", se é que alguma vez começou, acabara muito cedo. Marcelista expectante no início, manifestando-o publicamente ao afirmar que se encontrava "perfeitamente integrado na linha de acção claramente definida pelo Senhor Presidente do Conselho"[299], Spínola rapidamente centrou em si a expectativa dos militares, que só mais tarde, quando Marcello viu hipotecar-se definitivamente o seu "mandato indeclinável", alastrou à sociedade civil e, após abandonar a Guiné, à opinião pública internacional. Sobretudo a "acção" marcava a diferença. Mas não só. Existia um projecto e uma ideia. Manuel Monge refere que, com a chegada de Spínola à Guiné, "criou-se então aí um ambiente de progresso social e de liberdade, com a libertação dos presos políticos [...] e a auscultação sistemática das populações, nomeadamente nos Congressos dos Povos da Guiné." Diz mais: "em 1970, a situação na Guiné galvanizava-nos. Estivemos a um passo de ganhar a paz. E a admiração que nós, jovens militares, tínhamos pelo general Spínola era enorme."[300] A "paz", favorável à continuidade da presença portuguesa em África e que jamais poderia ser alcançada militarmente, era a missão spinolista.

A acção política acompanhava o discurso. O sonho animava ambos. A estratégia passou por "conquistar" as populações. Nesse sentido, insistiu numa política de reconstrução do paradigma nacional relativo ao ultramar (império), associando, no seu discurso, aos conceitos de "pluricontinentalidade" e "plurirracialidade", o de "pluriculturalidade", todos sintetizados na fórmula "unidade na diversidade", em cuja divulgação se empenhou, em sintonia com a tese segundo a qual "as sociedades africanas são sociedades tribalizadas em que o conceito de tribo traduz o nosso conceito de Nação. A presença europeia em África é

---

[298] Entrevista a Manuel Monge. In http://www.uc.pt/cd25a/wikka.php?wakka=emmonge.
[299] SPÍNOLA, António de, *Por uma Guiné Melhor*, p. 97.
[300] Entrevista a Manuel Monge. In http://www.uc.pt/cd25a/wikka.php?wakka=emmonge.

encarada pela massa autóctone como um poder supranacional que estabelece a síntese das várias nações."[301] Esta era, evidentemente, a perspectiva spinolista, concordante com o seu objectivo político.

No discurso de encerramento do I Congresso das Etnias da Província (depois chamado Congresso do Povo), a grande arma social utilizada por Spínola na Guiné, em 3 de Agosto de 1970, definiu os cinco princípios basilares da sua política: justiça social, valorização das instituições (incluindo, e em primeiro lugar, as instituições tradicionais africanas), participação das populações africanas na Administração Pública (confirmada e publicitada na investidura do Sr. Cherifo Embaló como membro do Conselho Legislativo, em 21 de Abril de 1971), desenvolvimento económico e social (mais de 50% do capital investido pelo governo central na província era consumido, não pelo exército, mas na construção e/ou reabilitação de infra-estruturas, sobretudo nas áreas da saúde, educação, transportes e energia, em orçamentos que chegaram a ultrapassar o milhão de contos anuais) e segurança interna (combate à guerrilha e amenização dos seus efeitos na globalidade do território).

No campo militar, Spínola, que entrara em cena no momento de máximo cansaço, mesmo exaustão, tanto das forças portuguesas como da guerrilha guineense[302], conseguiu, nos primeiros anos do seu mandato, reequilibrar o conflito, como é reconhecido unanimemente[303], através, essencialmente, da acção psicológica e da política da "Guiné Melhor".[304] Marcello, visivelmente superado pelo seu general, a partir de determinada altura, já não definia mas sim seguia as coordenadas adoptadas na Guiné. "Na luta que hoje se trava no ultramar português – disse o presidente do Conselho – o que se disputa não são áreas, vilas ou cidades; não há batalhas, nem vitórias consequentes a choques de for-

---

[301] SPÍNOLA, António de, *Linha de acção*, p. 53.
[302] PEREIRA, Aristides; *Uma luta, um partido, dois países*, Notícias Editorial, Lisboa, 2002, p. 175.
[303] PEREIRA, Aristides; idem, p. 190. CARVALHO, Otelo Saraiva de, *Alvorada em Abril*, Bertrand, Lisboa, 1977, p. 51 e seguintes.
[304] Caracterizada por:
– incidência sobre as populações dos centros urbanos;
– desenvolvimento simultâneo de acções militares e psicossociais, baseadas na realização de obras sociais (Congressos do Povo) e de infra-estruturas;
– promoção do divisionismo entre Guiné e Cabo Verde;
– recrutamento de guineenses para a guerra (africanização da guerra);
– distribuição panfletária sobre as populações sob influência directa do PAIGC;
– reforço das acções militares para provocar a completa desmoralização dos combatentes, utilizando preferencialmente acções helitransportadas contra as posições "inimigas".

ças armadas; o que está em causa são as almas, é a adesão das populações."[305] Resumindo, o que Spínola estava a experimentar na Guiné.

Porém, o aspecto que talvez mais marcou a emergência do "spinolismo" foi a forma como reutilizava os conceitos propostos por Marcello e, ao contrário deste, imediatamente os ensaiava na Guiné. Foi o que fez em relação, por exemplo, ao conceito de "autonomia progressiva". Considerava, nos seus discursos e notas oficiais, que "não devem ser exclusivamente os europeus a definir os interesses dos africanos em clima de mandato administrativo", e sublinhe-se a dubiedade do advérbio de modo. Levou, por isso, a cabo um forte investimento nas estruturas educativas e na permanente educação colectiva, perpetrada nos inúmeros discursos e aparatosas aparições públicas, assente na crença na "capacidade cultural" dos guinéus para se auto-administrarem e na "necessidade de realizar reformas de fundo que permitam acelerar o progresso das várias parcelas do Todo Nacional."[306] Efectivamente, vislumbrava-se na Guiné uma possibilidade de solução política para a África portuguesa, por surreal que essa solução se afigurasse.

Todavia, o conceito (promovido a lema) que marcaria o marcelismo e, por arrasto, o spinolismo, seria o da "Renovação na Continuidade". Que, ao inverso do sucedido na metrópole, gerou algum entusiasmo na Guiné. Como ficou dito noutro lugar, "Spínola foi talvez o único que verdadeiramente o sentiu e autêntica e persistentemente lhe procurou dar significado."[307]

3.4. Renovação na Continuidade: o *logos* e a *praxis*

O regime proposto pela Constituição de 1933, à semelhança dos congéneres europeus, apresentava-se como algo "novo". Paradoxalmente, converter-se-ia num poderoso agente inibidor de novidade. Marcello, apegado ao filho que ajudara a criar, conhecia bem as suas vicissitudes. O conceito de "Renovação na Continuidade" era a resposta, para consumo interno, à necessidade de consenso e uma nova defesa contra a hostilidade quer da "esquerda" quer da "direita" do regime.

O primeiro acto sob este lema, à semelhança do rebaptismo da Polícia Internacional de Defesa do Estado (PIDE) em Direcção Geral de Segurança (DGS), foi a renomeação da UN (da qual fora, orgulhosamente, o "benjamim") em ANP, no 5º Congresso daquela organização, realizado em 21 de Fevereiro de 1970.

---

[305] CAETANO, Marcello, *Revisão Constitucional*, discurso proferido perante a Assembleia Nacional em 2 de Dezembro de 1970, SEIT, pp. 12-13.
[306] SPÍNOLA, António de, *Linha de acção*, ps.140 e 136, respectivamente.
[307] BARBOSA, Márcio, *Spínola, Portugal e o Mundo: pensamento e acção política nos anos da Guiné – 1968--74*, pp. 407-408.

O discurso então pronunciado foi um dos mais extensos do seu consolado, produtivo em análises (dos sistemas político-económicos que ameaçavam o Estado Novo – ou Social – português) mas algo estéril em ideias, pese embora o tenha apresentado como "o ideário que propomos ao país". Justificou a nova denominação de uma forma quase infantil. Afirmou, sobretudo às "pessoas de boa fé, que são a maioria", que "não se pretendeu pôr de parte o desejo de união de todos os portugueses ao redor dos interesses essenciais do País", não fosse algum sector do regime ofender-se, e explica aos alunos (o país inteiro), recorrendo à mais primitiva retórica, do que se tratava afinal: "Mas acção nacional popular, porquê? Porquê sublinhar o carácter popular da nossa organização? Porque, ao servir os interesses da Nação, tem de procurar servir ao povo em geral – tem de se preocupar constantemente com as necessidades, as aspirações, os anseios do povo que está nas aldeias, nas vilas, nas cidades, a trabalhar nos campos, nas fábricas ou nos escritórios"[308]. Aproveitando um título utilizado no volume VIII da História de Portugal coordenada por José Mattoso, Marcello discursava fantástico para um mundo maravilhoso de coisas pequenas.

Na verdade, a justificação foi pobre porque a mudança também o fora. Disse que a "União Nacional não foi nunca um partido", apenas para que não se dissesse que era único! Marcello esquecera a advertência que ele próprio fizera em Maio de 1969. Com toda a autoridade, referiu, a propósito das corporações, que "as revoluções mais fáceis e mais baratas são as revoluções verbais: deixam-se ficar as coisas e mudam-se-lhe os nomes. Dessas transformações temos tido numerosos exemplos no passado político português."[309] E continuava a ter-se. A renovação foi apenas qualificativa. Tudo o mais foi continuidade. Aliás, a única iniciativa renovadora foi a inclusão de independentes (liberais) nas listas concorrentes às eleições de 1969. Portanto, anterior à alteração e com os resultados práticos que vimos. Tratou-se, tão-somente, da "operação de cosmética" referida por Reis Torgal.

Contudo, a alteração provocou, involuntariamente, reacções consideráveis. Os velhos companheiros de Caetano apressaram-se a sublinhar (ou forçar) o ensejo por este manifestado de "continuar" o "rumo político". O passado revelava-se uma ameaça insuportável e difícil de vencer. Francisco Casal Ribeiro, um dos deputados integracionistas (ou seja, salazaristas) que transitaram para o marcelismo, escreve emocionado a Caetano, após ficar órfão de Salazar, para lhe pedir que fosse "permitida a filiação naquele organismo político, ao qual, como sucedâneo da União Nacional, eu não desejava pertencer". Recuperado

---

[308] CAETANO, Marcello, *A Hora é de Acção*, pp. 8-9.
[309] CAETANO, Marcello, *Ninguém pode escusar-se a cumprir deveres para com a Pátria*, p. 34.

da ofensa resultante da mudança de nome, manifestava a vontade de, "coerente com as ideias e o rumo político" que sempre seguiu, prosseguir o caminho que "Vossa Excelência [Marcello] se propõe continuar, embora evoluindo nos métodos, não nos princípios." Clarifica ainda a posição, como se fosse necessário, firmando a "esperança de que não seja alterado na sua essência o pensamento da Revolução Nacional, que Salazar doutrinou, e de que Vossa Excelência foi sem dúvida um dos valiosos pilares."[310] A "direita" do regime despertou e percebeu que Caetano podia efectivamente trair a sua filiação. Reagiu comprometendo-se com Caetano e, desta forma, comprometendo-o a ele também com os seus antigos pares. O que, tendo em conta a sua noção de lealdade, poderia acabar por resultar e travar a evolução "nos princípios".[311]

Um conjunto de figuras de segunda linha do regime, que, regra geral, controlava a política local, como o caso de Francisco Vale Guimarães, governador civil de Aveiro, revelava os seus receios em relação à liberalização do regime. Apelavam, invariavelmente, à moderação. Na sequência dum almoço organizado por F. Nogueira, de homenagem a Salazar, que contou com a presença de algumas centenas de salazaristas, F. Vale Guimarães disse a Marcello que era preciso "mostrar a alguns dos mais apressados da esquerda do regime, que a liberalização não pode ser rápida. Não pode, nem deve, na medida em que os seus autênticos beneficiários viriam a ser, embora por razões e efeitos opostos, os extremistas da direita e os da esquerda." Apelava a que não "se faça algo que possa abrir as portas ao inimigo" e que é no "sector dos apressados, apesar da sua dedicação pessoal, que devemos actuar mais persistente e cuidadosamente", senão pode tornar-se necessário que "a ANP comece a actuar em força. Em força e [neste sentido sim!] em velocidade."[312]

A globalidade dos elementos das bases do Estado Novo, às quais Caetano pertencera, constituía uma verdadeira força de bloqueio. Mesmo quando não voluntariamente. Não podia contar eles. Quanto à "ala liberal", como se viu, cedo se percebeu no que (não) iria resultar. Marcello colocava então as suas esperanças liberalizantes na remodelação governamental. O aspecto tem sido referenciado por diversos autores, como Fernando Rosas e Reis Torgal. Subs-

---

[310] ANTUNES, José Freire, *Cartas Particulares a Marcello Caetano*, pp. 286-287.
[311] O mesmo deputado faria, em 25 de Janeiro de 1973, a seguinte "queixa" a Caetano, no seguimento dum telegrama "no qual relatava sucintamente a incrível posição assumida na Assembleia Nacional pelo Deputado e professor universitário Miller Guerra": "pois é evidente que não era uma queixa – nem em menino usava o sistema – nem tão pouco a ideia de criar um problema fosse de que natureza fosse ao governo ou a Vossa Excelência. Foi um desabafo de quem vem há longos anos a servir o regime com o mais total desinteresse, e vê, numa altura crucial, determinados indivíduos a tomarem posições perfeitamente anti-nacionais". Em ANTUNES, José Freire, *Cartas Particulares a Marcello Caetano*, p. 287.
[312] *Idem*, p. 324.

tituiu progressivamente o último elenco governativo salazarista, com o qual, por estar há uma década afastado do governo, não tinha afinidades. Começou em Março de 1969, substituindo na pasta da Economia Correia de Oliveira por Dias Rosas (um marcelista), seguindo-se a substituição de F. Nogueira por Rui Patrício nos Negócios Estrangeiros. José Hermano Saraiva cedeu lugar a Veiga Simão na Educação[313], Gonçalves Proença foi rendido por Baltazar Rebelo Sousa (amigo pessoal) nas Corporações e, para a Defesa Nacional, entraria Sá Viana Rebelo. Durante 1968 e 1969, Marcello empenhou-se na criação duma série de secretarias e subsecretarias de Estado onde colocou os chamados "tecnocratas" (na sua maioria, seus antigos alunos ou frequentadores do seu círculo de amigos), que pretendiam a implementação duma política desenvolvimentista (para isso fundaram a SEDES – Sociedade de Estudos para o Desenvolvimento Económico Social – em Fevereiro de 1970), alheando-se, intrigantemente, da questão ultramarina. Segundo expressão sintomática de Baltazar Rebelo de Sousa, praticamente "esgota-se o grupo da *Choupana*"[314].

No mesmo discurso à Comissão Central da ANP, a que se fez referência, indicava o espírito que deveria nortear os seus colaboradores: "abertos a todas as reformas justas, a todas as ideias fecundas, a todas as iniciativas generosas, sim. Mas impermeáveis à traição. Mas intransigentes contra a subversão."[315] Automaticamente, inculcava nos seus próximos a ambiguidade que o caracterizava. Porque também ele não queria ser um "traidor" do seu passado, ademais constantemente recordado. O único sector impermeável a esta fatalidade marcelista foi o militar. A continuidade de um "sector de altos comandos crescentemente inquieto com a sorte da guerra, mas que, inicialmente, vai servindo a Caetano como contrapeso da extrema-direita militar"[316], deve ser entendido como um

---

[313] Não resistimos a transcrever algumas frases da correspondência do amigo Baltazar Rebelo de Sousa acerca da remodelação governamental e da possibilidade de substituição de Saraiva por Veiga Simão: "tem aqui chegado o boato de remodelação, não com esse aspecto de impaciente anseio e mais com o de ânsia de novidades. Por mim, penso ainda é cedo para V.E. ter ideia assente sobre as pessoas. De resto, quem há-de «queimar» nas eleições?
Quanto ao Veiga Simão, parece-me inteligente, aberto a indispensáveis reformas universitárias, mas com propensão para a demagogia, falta de senso administrativo e, sobretudo, ausência total de espírito jurídico, como aliás é natural. Eu julgo, porém, que, para empreender a reforma necessária, esse espírito jurídico é indispensável. [...] O Saraiva é meio louco [sic], é certo, mas tem imaginação e deve ter espírito jurídico." Em ANTUNES, José Freire, *Cartas Particulares a Marcello Caetano*, p. 184.
[314] *Idem*, p. 179. A *Choupana* era um restaurante muito frequentado por Marcello e o seu grupo de amigos, vindo a transformar-se no nome pelo qual esse grupo ficaria conhecido.
[315] CAETANO, Marcello, *A Hora é de Acção*, p. 27.
[316] ROSAS, Fernando, *O Marcelismo e a Crise Final do Estado Novo*, em *I Curso Livre de História de História Contemporânea, Portugal e a Transição para a Democracia (1974-1976)*, Ed. Colibri/Fundação Mário Soares/I.H.C., Lisboa, 1998, p. 16.

reflexo e extensão da inquietação política de Caetano em relação ao ultramar. Os dois principais rostos deste sector, Costa Gomes e Spínola, eram personalidades muito diferentes (sobretudo no percurso feito no Estado Novo[317]), mas acabavam por convergir na "inquietação" e possibilitar, enquanto chefes, o germinar da "subversão" nas FA.

Entretanto, Spínola prosseguia a política de "renovação" na Guiné – "Por uma Guiné Melhor". Em resposta, Amílcar Cabral classificava-a de "demagógica" e de "reformas de última hora do governo português", dizendo que "nas condições actuais da luta, apesar dos altos custos das deslocações e estada nos países ocidentais, nós estamos determinados a consentir os sacrifícios necessários para desenvolver essas actividades, pois, na fase actual da luta, a intensificação da acção armada deve marchar em paralelo com uma intensa acção política no plano internacional"[318]. E neste campo, Cabral foi um mestre. Em Junho de 1970, quase um ano depois da visita à Guiné de uma delegação de peritos militares da República da Guiné, da Mauritânia e do Senegal (mandatados pela OUA) o Papa Paulo VI recebeu oficialmente no Vaticano, os três líderes dos movimentos de libertação das colónias portuguesas – Amílcar Cabral, Agostinho Neto e Marcelino dos Santos. O que constituiu um duro golpe para as "católicas" autoridades portuguesas. O PAIGC, neste caso acompanhado, mostrava assim uma enorme diligência diplomática, procurando, com sucesso, surpreender o regime português.

A importância do acontecimento obrigou o presidente do Conselho a uma declaração pública – "Um Ardil Desmascarado" – em 7 de Julho de 1970[319]. Uma tentativa de atenuar os efeitos, dizendo que "tudo está resolvido" e não passou de uma demonstração da "diabólica perfídia" dos "terroristas". Contudo, tornava-se evidente a deterioração da situação política portuguesa, interna e externamente. Caetano abandona então, definitivamente, a "moderação" e a

---

[317] "P: Há um ponto que continua a não ser claro: não achou estranho que, sendo adversário da política colonial, fosse nomeado para cargos decisivos na execução dessa política?
R: Estava a escusar-me a essa pergunta, porque não posso deixar de dizer que o que entendo é que eles precisavam de mim. Eu só não fui banido das Forças Armadas e posto de lado porque eles achavam que, em guerra, era indispensável a minha intervenção. Aliás, eu nunca fui prejudicado nas minhas promoções, antes pelo contrário. [...] Não fui prejudicado por ser político... Fui, até certo ponto, destacado."
Na mesma entrevista, Costa Gomes refere, acerca de Spínola, que "vinha com certo prestígio, e merecido, pelo menos no que diz respeito a sacrifício pessoal [por manter uma relação mais próxima com Marcello], com a sua acção na Guiné". Em BERNARDO, Manuel, *Marcello e Spínola: a ruptura: as Forças Armadas e a imprensa na queda do Estado Novo, 1973-1974*, pp. 328 e 333.
[318] CABRAL, Amílcar, *Discurso do Camarada Secretário-geral na Reunião do Conselho de Segurança em Adis Abeba*, Serviços de Informação do PAIGC, Fevereiro de 1972.
[319] CAETANO, Marcello, *Um Ardil Desmascarado*, comunicação feita ao país através da rádio e televisão, SEIT, 7 de Julho de 1970.

"prudência", que nenhum fruto lhe trouxera, e profere um dos discursos mais importantes do seu mandato – "Portugal é de nós todos, nós todos somos Portugal" – no dia 27 de Setembro de 1970[320]. Começa por defender-se da "vozearia demagoga dos atacantes de Portugal" que, "nos areópagos internacionais", "ignoram que essas províncias são Portugal há quinhentos anos". Ataca a teoria dos movimentos independentistas de que "a África é dos africanos, que o governo tem de pertencer às maiorias", por considerar que se trata da defesa do "racismo a encobrir-se com a frágil aparência da democracia", pois, "se só os mais antigos habitantes de um território têm direito a viver nele e a governá-lo" e como a "maioria dos norte-americanos e dos canadianos é formada por colonos e descendentes de colonos", perguntou: "devem ou não ceder o governo aos primitivos habitantes e sair donde estão?"

Para Caetano, era a construção do seu sonho, uma sociedade multirracial, que estava em causa. E é a pensar nesta que dizia não ver "como poderemos deixar de defender o Ultramar. Porquê?" Responde que não "para cumprir um destino histórico" ("se estivesse em causa a História eu não teria uma posição tão firme como tenho, porque a História está-se a fazer todos os dias"); não "permaneceremos no Ultramar para defender o Ocidente" ("se apenas estivesse em causa a defesa do Ocidente, eu não teria uma posição tão firme como tenho, porque não é nossa obrigação sustentar sozinhos uma causa que toca a tantos países e a tantos homens"); não "para zelar por interesses económicos de quem quer que fosse" ("os grandes interesses se defendem muito bem por si sós"); não porque "a sua perda implicaria a perda da independência de Portugal" (porque "com pouco ou muito território, Portugal subsistirá. Porque Portugal não é quantidade, não é espaço, não é terra – é uma maneira de ser"). Depois de liquidar, duma penada, a argumentação até aqui oficial, justificou, da seguinte forma, a defesa do ultramar: "tem de ser defendido porque estão lá milhões de portugueses, pretos e brancos, que confiam em Portugal, que querem continuar a viver sob a nossa bandeira e a gozar a nossa paz, [...] porque temos a consciência de defender uma obra de valorização dos territórios e de dignificação das pessoas".

O historiador Fernando Rosas foi quem mais evidenciou a significância deste discurso, por representar a "desmontagem do paradigma colonial salazarista, do ideário até aí legitimador da defesa das colónias e da guerra"[321] e o abandono da "fundamentação ontológica" para a continuação da Guerra. Efectivamente, porque a palavra é uma forma de acção, acabou por "quebrar

---

[320] CAETANO, Marcello, *Portugal é de Nós Todos, Nós Todos Somos Portugal*, discurso proferido perante as comissões distritais da ANP, no Palácio da Foz, SEIT, 27 de Setembro de 1970.
[321] ROSAS, Fernando, *O Marcelismo e a Crise Final do Estado Novo*, p. 18.

o mito", e, com isso, pôs fim à epopeia salazarista. Não porque o "mito" ainda possuísse poder de sedução. Pelo contrário. Todavia, é inegável que Caetano criou as "condições ideológicas para a liquidação política da questão colonial", mas não se encontra fundamento para a ideia de que teria resumido a continuidade da presença portuguesa em África "à muito pragmática necessidade de proteger os interesses dos colonos portugueses que lá viviam".[322] Isto representaria a negação de toda a sua vida, pensamento, discurso e obra. Marcello, simplesmente porque acreditava que detinha um "mandato indeclinável" (e, portanto, "legítimo", resultante das eleições de 1969, das quais considerou receber uma resposta "clara, inequívoca, esmagadoramente decisiva") ousou ser coerente e expor a questão, sem tabus, nos seus devidos termos. Talvez visse no Atlântico uma extensão do Ipiranga. Mas colocava-se a questão: surgiria outro D. Pedro IV?

Na Guiné, à sombra do lema "Renovação na Continuidade", pelo qual Spínola continuaria a lutar, manifestando público apoio ao governo, ainda que em nome da estabilidade e não já, talvez, em nome daquele, operou uma evolução conceptual, em concomitância com uma evolução global do seu discurso. Completou o seu triângulo conceptual com os conceitos de "africanização" e "autodeterminação", que, mais do que meros sucedâneos, são uma progressão gradativa do conceito de "autonomia progressiva", proposto na revisão constitucional de 1971. Insistiu, por isso, na "feição caracterizadamente africana e multicultural da Nação Portuguesa, que assume a sua mais eloquente expressão na aglutinação de grupos humanos culturalmente heterogéneos, em plena igualdade de responsabilidades, de direitos e de deveres"[323], considerando que "a fidelidade ao passado não implica, de forma alguma, que os povos se mantenham agarrados a concepções que o correr do tempo tornou inoperantes, transformando-as em mitos". O general reconheceu também a necessidade de rever o conceito de "missão civilizadora", por ser "incompatível com o espírito de igualdade", prefigurando-se "um certo conflito entre a missão de civilizar e a pluriculturalidade"[324], que afirmava defender intransigentemente. Ou seja, Spínola não só percebera a mensagem do discurso (que talvez até aguardasse), como, mais uma vez, se apressou a superá-la.

A revisão constitucional de 1971 (seguida, no ano seguinte, pela nova Lei Orgânica do Ultramar) foi outra iniciativa coerente com o lema. Embora com uma nítida inclinação para a "continuidade". No discurso de apresentação do

---

[322] ROSAS, Fernando, *Estado Novo, império e ideologia imperial*, Revista de História das Ideias, Coimbra, 1995, pp. 19-32.
[323] SPÍNOLA, António de, *Linha de acção*, p. 204.
[324] Idem, pp. 263-263.

projecto, proferido na AR em 2 de Dezembro de 1970, afirmou que "uma ideia fundamental serviu de ponto de partida para a revisão proposta: a estrutura política da Constituição de 1933 deve ser mantida."[325] A ambição revisionista era reduzida. Compreende-se, o problema para Caetano nunca estivera na constituição, mas sim na interpretação salazarista. A principal novidade prendeu-se com a criação de "regiões autónomas", relativamente ao ultramar, podendo as províncias ascender ao estatuto de "Estados", mas apenas quando "o progresso do seu meio social e a complexidade da sua administração" permitissem a adopção dessa "qualificação honorífica".[326] Em todos os outros pontos "sensíveis", como a liberdade de expressão, não se verificou qualquer revisão[327]. Só no fim desse ano seria abolida a Censura (semanticamente), surgindo em seu lugar a lei de imprensa, convertida, em 1972, no Estatuto da Imprensa, que consagrava o "exame prévio". Tratava-se, no fundo, de mais um desanuviamento da situação "asfixiante" anteriormente vivida.

A verdade é que, ousada ou timidamente, Caetano operava mudança. Fernando Abranches-Ferrão, advogado eminente da oposição e amigo de Salgado Zenha, manifestava-lhe, em Abril de 1971, estar, "em matéria política, numa atitude de expectativa", apoiando os "esforços de liberalização e de progresso económico e cultural" e voluntariando-se para o defender "dos ataques dos ultras e dos obstáculos que eles cada dia te levantam." Dizia-lhe mesmo que confiava e acreditava na sua "honestidade" e "boa-fé" e que se mais não tinha feito era por se encontrar "muito enleado na fortíssima teia de interesses que envolviam o poder", quando o recebeu em 1968.[328]

Por outro lado, ou, melhor dizendo, do outro lado, surgiam mensagens desanimadoras (na perspectiva da mudança). O professor de Direito em Coimbra e fervoroso integracionista, Afonso Queiró, alertava Caetano do alarme generalizado que corria por aquele "sector de opinião" em relação à revisão constitucional, por se pensar que se iriam "tomar posições abdicacionistas". A forma como A. Queiró persuadia os alarmados da suposta jogada semântica é deveras esclarecedora: "se alguma nota menos "ortodoxa" surgisse na proposta, tratar-

---

[325] CAETANO, Marcello, *Revisão Constitucional*, p. 14.
[326] Artigos 5º e 133º a 136º da Constituição.
[327] Luis Reis Torgal salienta, como curiosidade, a inclusão, pela primeira vez, do nome de Deus na Constituição, no artigo 45º. A este respeito, é interessante a carta dirigida por André Gonçalves Pereira a Marcello, em 8 de Março de 1971, onde comenta as propostas. Diz o seguinte: "Penso ainda impolítica a forma desdenhosa como o relator se refere aos projectos dos deputados, pelo que penso votar contra a rejeição de um deles (o dos *liberais*) e talvez até contra a rejeição dos dois. Não estou muito seguro quanto ao outro, o do nome de Deus". Em ANTUNES, José Freire, *Cartas Particulares a Marcello Caetano*, p. 111.
[328] *Idem*, pp. 267-268.

-se-ia, seguramente, de alguma satisfação *formal* às críticas do exterior, com vista a colherem-se efeitos diplomáticos", para "inglês ver".[329]

Em finais de 1970 e inícios de 1971, Marcello Caetano encontrava-se (ou colocara-se) num impasse. O lema que pretendia fosse de compromisso esbarrava numa realidade rica em incompatibilidades: "ultras", "liberais", "oposição" (democrática ou não), "tecnocratas", "interesses económicos", "militares", "guerra", "liberalização", "Estado Novo", entre outros, eram elementos de uma equação impossível. Cuja solução, mais do que compromisso ou compreensão, exigia decisão. Almeida Bruno tem uma expressão castiça, mas interessante. Para ele, "o professor era um homem que fazia as suas análises com tantos vectores, com tantas hipóteses e com tantas soluções, que, depois, perdia-se e não encontrava nenhuma."[330] No mesmo sentido, Costa Gomes, num tom mais sério, considerou que "o Prof. Marcello Caetano era um homem com uma inteligência muito acima da média, que não só via muito bem os problemas como raciocinava muito bem, e na altura eu estava também convencido de que ele era capaz de decidir muito bem."[331] O renovado discurso, comandado pelo sonho, era descontinuado pela acção.

Spínola vinha ensaiando na Guiné uma tentativa de descentralização administrativa e autonomia política progressiva. Implementando-a de facto, aquando da revisão constitucional, com uma celeridade e eficiência únicas no contexto português. Explorava, é certo, mediaticamente o facto até à exaustão e não livre de exageros. Porém, o PAIGC respondia ao "artifício constitucional", como lhe chamou. Na primeira reunião do Conselho de Segurança, realizada em Adis Abeba, em Fevereiro de 1972, Cabral desmontou e denunciou as "jogadas" políticas portuguesas, manifestando categoricamente a irreversível intenção do partido em proclamar, logo que fosse oportuno, a existência do Estado soberano da Guiné e consequente destruição da presença "colonialista" portuguesa[332].

As "modas das ideias que andam desvairadas a torvelinhar nos «ventos da história» soprados para benefício de interesses e ideologias radicalmente contrárias às conveniências do povo português"[333], segundo definição de Caetano, afinal abalavam a "fortaleza de ânimo". A Guerra complicava-se e exigia uma celeridade e capacidade de decisão não correspondidas por Lisboa. Ainda em

---

[329] ANTUNES, José Freire, *Cartas Particulares a Marcello Caetano*, pp. 47-48.
[330] Entrevista ao general Almeida Bruno. Em BERNARDO, Manuel, *Marcello e Spínola: a ruptura: as Forças Armadas e a imprensa na queda do Estado Novo, 1973-1974*, p. 265.
[331] Idem, p. 337.
[332] CABRAL, Amílcar, *Discurso do Camarada Secretário-geral na Reunião do Conselho de Segurança em Adis Abeba*, Serviços de Informação do PAIGC, Fevereiro de 1972.
[333] CAETANO, Marcello, *Revisão Constitucional*, p. 7.

Abril de 1971, o chefe de governo dava uma entrevista contraditória, em que esclarecia que o conceito de "autonomia progressiva", não era senão "uma maior possibilidade de administração local", "autonomia financeira" e que "não aliena em nada a integridade do todo português"[334]. Spínola lembrava então, oportunamente, os perigos "face ao desfazamento de ritmo [entre Lisboa e Bissau] no desenvolvimento de uma linha de evolução política em que continuo a julgar-me totalmente identificado com Vossa Excelência."[335]

Fernando Rosas realça "os dois tempos do marcelismo", afirmando que, "num primeiro momento", se tentou "liberalizar sem abandono do esforço militar nas colónias", e, num segundo momento, tentou manter-se "o esforço militar em África, sacrificando a liberalização"[336]. Podendo considerar-se a divisão, em face do exposto, excessivamente simplista e redutora, a verdade é que não se verificou qualquer inflexão no esforço militar, ao contrário do que se verificaria no domínio político. Paradoxalmente, seria um militar, Spínola, a lembrar que lhe tinha sido "entregue a responsabilidade da solução de um problema que, sob uma falsa aparência militar, é fundamentalmente político"[337]. Isto aproximadamente dois anos depois da última grande tentativa de resolução militar do conflito na Guiné – a operação "Mar Verde" (Novembro de 1970) – que, como é sabido, falhou rotundamente[338].

---

[334] CAETANO, Marcello, *Razões da Presença de Portugal no Ultramar*, SEIT, Lisboa, 1971, p. 52.
[335] ANTUNES, José Freire, *Cartas Particulares a Marcello Caetano*, p. 158.
[336] ROSAS, Fernando, *O Marcelismo e a Crise Final do Estado Novo*, pp. 16-17.
[337] ANTUNES, José Freire, *idem*, p. 157.
[338] "A operação pode ser discutida nalguns aspectos de condução, há sempre duas ou três soluções para um problema. Mas a que ele [Alpoim Calvão] escolheu era, a meu ver, totalmente correcta, eu teria feito exactamente o mesmo, tecnicamente a sua actuação foi perfeita. Hoje não tenho dúvidas de que a responsabilidade desse fracasso coube inteiramente à PIDE, todas as informações que prestou eram falsas." Entrevista a Carlos Fabião. Em http://www.uc.pt/cd25a/wikka.php?wakka=ecfabiao.

IV CAPÍTULO
QUANDO OUTRO VALOR MAIS ALTO SE ALEVANTA

4.1. Pela Pátria negociar

A situação militar da guerra na Guiné, pode dizer-se, nunca foi propriamente favorável para Portugal. Spínola havia conseguido equilibrar o conflito, não revertê-lo. Durante o ano de 1970, o "potencial" militar do PAIGC, segundo informações da PIDE/DGS, possibilitava-lhe, "a qualquer momento, acelerar o processo evolutivo da guerra"[339], já que dispunha de "material cada vez em maior quantidade"[340]. Facto que explica, em parte, a operação "Mar Verde", uma vez que não se enquadrava na estratégia político/militar adoptada por Spínola desde 1968. Aliás, um dos objectivos da operação era destruir o suporte logístico do PAIGC na Guiné-Conakry e liquidar Sékou Touré. O insucesso da operação por certo moralizou os guerrilheiros que, em 1971, atacaram Bissau com foguetões e, sistematicamente, outras cidades secundárias.[341] Conjuntura que se precipitou ainda mais no ano seguinte. Marcello conhecia, melhor que ninguém, os relatórios da PIDE/DGS. Porque "via muito bem os problemas" e "raciocinava muito bem", não pode ter deixado de perceber que a vitória militar era inviável. Mas não agiu.

O PAIGC fora fundado em 1956 com o objectivo da independência conjunta da Guiné e Cabo Verde. Segundo Amílcar Cabral, até 1959, quando tem lugar o

---

[339] IAN/TT, Arquivo da PIDE, SC, Pastas Organizadas por Províncias Ultramarinas – Guiné, caixa 2, fls. 1-45. Cit. em MATEUS, Dalila Cabrita, *A evolução das guerras coloniais na perspectiva dos relatórios de informação*, Revista Portuguesa de História, t. XXXVIII, 2006, pp. 155-180.

[340] IAN/TT, Arquivo da PIDE, SC, Pastas Organizadas por Províncias Ultramarinas – Guiné, caixa 4, fls. 313-315. *Idem*.

[341] IAN/TT, Arquivo da PIDE, SC, Pastas Organizadas por Províncias Ultramarinas – Guiné, caixa 8, fls. 227-364. *Idem*.

conhecido "massacre do Pigjiguiti" (3 de Agosto), "o partido tinha seguido uma linha errada (...) A falta de experiência fazia-nos pensar que poderíamos lutar nas cidades através de greves e outras acções pacíficas esquecendo os camponeses (...) que constituem a maioria do povo da Guiné-Bissau"[342]. Como vimos no capítulo anterior, em 1961, no ano seguinte à maior vaga de independências em África, Amílcar tentou dialogar com Lisboa. Mas Salazar ainda não tinha caído da cadeira. Em vez de reciprocidade recebeu desprezo. Durante cerca de dois anos (1960-1962) terão sido preparados cerca de um milhar de "futuros quadros" no *foyer* do PAIGC em Conakry. A prioridade já não era a reivindicação relativamente pacífica[343], mas a conquista do poder através da luta armada[344]. Entre os dias 13 e 17 de Fevereiro de 1964 tem lugar o Congresso de Cassacá, onde, relatou Cabral, houve a "coragem de criar uma vida nova para o Partido, decidir da criação de um Exército Regular [FARP – Forças Armadas Revolucionárias do Povo], da Milícia Popular, de escolas, hospitais, de formar enfermeiras, etc., e abrimos um caminho novo para a Escola-Piloto, onde começaram a formar-se jovens para serem homens e mulheres úteis ao povo e à luta (...)"[345].

Ao enveredar pela luta armada, pelo que isso implicava (quer de sacrifício interno, quer de comprometimento externo, pelo apoio recebido), qualquer hipótese de solução política/negocial ficou indubitavelmente dificultada.

Spínola partira para a Guiné com o objectivo de alcançar a paz por via política. Um ano depois, no discurso pronunciado na despedida de F. Nogueira, Marcello mostrava-se horrorizado com a ideia de haver portugueses que "preconizem que se pactue com os chefes dos movimentos terroristas, negociando com eles a entrega dos territórios onde vivem e labutam milhões de compatriotas"[346]. A mensagem foi percebida em Bissau. Spínola deu início, secreta e informal-

---

[342] PARTIDO AFRICANO DA INDEPENDÊNCIA DA GUINÉ E CABO VERDE; *Manual político do PAIGC*, p. 12.
[343] "Acreditámos então que só uma intervenção adequada e eficaz da ONU, a favor dos direitos inalienáveis do nosso povo, saberia levar o governo português a respeitar a moral e a legalidade internacional do nosso tempo."
"Como as nossas propostas não tiveram aceitação favorável, nem da parte do governo português, nem da ONU, as forças patrióticas do nosso país passaram a uma acção generalizada contra as forças colonialistas em Janeiro de 1963." CABRAL, Amílcar; *Textos políticos*, [S.l.], PAIGC, [s.d.], 32 pgs. (Colonialismo e Luta de Libertação dos Povos Africanos, 5), pp. 7 e 8 respectivamente.
[344] "A via única e eficaz para a realização definitiva das aspirações dos povos, isto é, para a obtenção da liberdade nacional, é a luta armada". Idem, p. 10.
"Nenhuma força poderá impedir a liquidação total do colonialismo português". Idem, p. 6.
[345] CABRAL, Amílcar, *Evolução e Perspectivas da Luta* (seminário de quadros realizado de 19 a 24 de Novembro de 1969), Serviço de Informação do PAIGC, 1969, p. 26.
[346] CAETANO, Marcello, *Portugal não pode ceder*, discurso pronunciado no Palácio das Necessidades em 6 de Outubro de 1969, SEIT, 1969, p. 7.

mente, à aproximação com o PAIGC a um nível intermédio. Houve alguns contactos, realizados pelos três majores (Passos Ramos, Pereira da Silva e Magalhães Osório), contando alguns desses contactos com a presença do próprio general. Mas, apesar do secretismo que os envolvia, a PIDE/DGS teve conhecimento[347]. Pelo que, podemos inferir, Marcello também o teve. O desfecho deste périplo inicial, sem intermediação, acabou com o assassínio dos três majores (desarmados). O PAIGC não acreditava, naturalmente, na boa-fé das autoridades portuguesas e estas confiaram em demasia na ingenuidade dos guerrilheiros.

A percepção da persistência spinolista em prosseguir a via negocial, conduziu Caetano a aprofundar o que havia dito em Outubro de 1969. Onze meses depois, examina "publicamente, e a frio, esta solução". Revela então, algo surpreendentemente, uma visão distorcida da realidade. Talvez fizesse uma leitura demasiado linear dos relatórios da PIDE/DGS. Afirmou que "as guerrilhas não obtiveram de facto nenhum êxito efectivo e permanente." É um facto, mas no caso da Guiné, não estavam já muito longe de o conseguir. Pelo que faz a seguinte questão: "iríamos então negociar o quê e com quem? Iríamos negociar com gente que se guerreia entre si segundo as várias obediências, soviética ou chinesa, que confessa, dar-lhes uma força que não têm, entregar-lhes um território que lhes não pertence, pôr à sua mercê homens, mulheres e crianças que eles não respeitariam?"[348] Na mensagem de Ano Novo, em Janeiro de 1972, Amílcar Cabral respondia assim: "se o Governo de Portugal quer discutir ou negociar sobre a situação na Guiné e Cabo Verde, ele deve e pode fazê-lo com o nosso Partido combatente"[349]. Quanto à questão do que "negociar", pode considerar-se como resposta a seguinte afirmação: "a nossa luta de libertação nacional é não somente a mais avançada de África mas também uma das mais avançadas no quadro geral da luta dos povos oprimidos contra o imperialismo e o colonialismo (…)".[350]

O projecto spinolista e a sua estratégia ("conquista das populações") "desequilibrou" e "confundiu" Amílcar Cabral. Relata Spínola que, "a partir de determinada altura, ele [Cabral] começou a ver que tinha chegado à Guiné um homem que defendia as teses políticas que ele próprio defendera em 1962, quando se

---

[347] "O responsável da Delegação [da PIDE/DGS] faz saber ao general que '*muita gente de Bula*' estava a par do assunto, '*pelo que o segredo de tais conversações não existia*'." Em MATEUS, Dalila Cabrita, *idem*, p. 175. IAN/TT, Arquivo da PIDE, SC, Pastas Organizadas por Províncias Ultramarinas – Guiné, caixa 10, fls. 100/101.
[348] CAETANO, Marcello, *Portugal é de Nós Todos, Nós Todos Somos Portugal*, pp. 12-13.
[349] CABRAL, Amílcar, *Mais Pensamento para melhor Agir, mais Actividade para melhor Pensar*, mensagem de ano novo, 1972.
[350] Idem, *Memorandum a l'intention dês Chefs d'Etat ou de Gouvernement d'Afrique*, 9ème Conférence de l'OUA, Rabat, 1972, p. 9.

iniciou a guerra." O general mencionou que "havia grandes divisões", que ele próprio tinha fomentado, e que, antes da morte dos três majores, o governo português, inclusive, lhe deu "vinte mil contos para a recepção das forças militares do PAIGC." Considerou mesmo que "a Guiné esteve quase na nossa mão." Justifica que "o processo da entrega esteve quase a concretizar-se, devidamente autorizado pelo Governo Português. Vim à metrópole e falei com o Marcello Caetano, que tinha conhecimento dos contactos." [351] Estas afirmações reportam-se até meados de 1971.

Na sequência do fracasso da operação "Mar Verde", Spínola "correu com" os responsáveis da PIDE/DGS. Foi para Bissau um homem "extraordinário para fazer serviço de espionagem"[352]: Fragoso Allas. Que "conhecia bem e influenciava o Mobutu" e "consegue mexer-se para pôr em contacto o Senghor[353], presidente do Senegal, com o general Spínola."[354] Aquele viria a exercer enorme influência no general. Fabião disse julgar "saber que o general Spínola, no livro dele, se inspirou bastante no projecto que o Senghor tinha para a África francesa. Como aliás o próprio Senghor também se deixou influenciar pelos discursos feitos pelo general Spínola e pelos seus planos." Considerando mesmo que "esta influência recíproca é um dado que ainda hoje é muito interessante."

O general relata então que, "primeiramente, o Governo interrompeu as conversas directas com o Leopold Senghor. Fiquei muito aborrecido – confessa Spínola. Mas, como já tinha os contactos estabelecidos, continuei a mantê-los directamente."[355] O aborrecimento estaria já expresso na missiva datada de 14 de Março de 1972. Spínola respondeu à carta recebida de Marcello, com data de 8 de Março, dizendo que ficou muito impressionado "pela dificuldade em que Vossa Excelência afirma encontrar-se para garantir a continuidade da política nacional [...] que tenho procurado interpretar fielmente e diligenciado concretizar." Antes de recusar a prorrogação do seu mandato na Guiné, Spínola fez um prognóstico deveras oportuno: "não desejaria diminuir o meu ritmo de trabalho durante o período que me comprometi a servir a Pátria na Guiné em total doação, ritmo cuja quebra não poderia naturalmente deixar de se repercutir no estado de espírito das Forças Armadas e dos Serviços Provinciais, e consequentemente no seu rendimento."[356]

[351] BERNARDO, Manuel, *Marcello e Spínola: a ruptura: as Forças Armadas e a imprensa na queda do Estado Novo, 1973-1974*, ps.237-238.
[352] Entrevista a Carlos Fabião. Em http://www.uc.pt/cd25a/wikka.php?wakka=ecfabiao.
[353] Segundo Spínola, "foi através dele que veio o convite para o encontro com o Senghor (por sugestão do Amílcar Cabral), em Cap Skiring, em Maio de 72." Em BERNARDO, Manuel, *idem*, p. 345.
[354] Entrevista a Carlos Fabião. In http://www.uc.pt/cd25a/wikka.php?wakka=ecfabiao.
[355] BERNARDO, Manuel, *idem*, pp. 238-239.
[356] ANTUNES, José Freire, *Cartas Particulares a Marcello Caetano*, p. 153.

A reacção "ultra" ao que Marcello projectava na revisão constitucional poderá ter sido um dos factores, em conjugação com a reconhecida "hesitação" ou "incapacidade" decisória, do baque marcelista. Ou, noutra perspectiva, para ele a negociação, simplesmente, nunca fora a interpretação lógica da política que vinha anunciando nos seus discursos. O que, de certa forma, confirma a afirmação de Almeida Bruno. Marcello equacionaria muitas soluções mas não assumia nenhuma. Ao contrário do seu general, que assumia por inteiro a única solução que talvez tenha equacionado. Carlos Fabião afirmou que "após a segunda reunião entre Spínola e Senghor", se iria passar à "fase de execução". O projecto consistia, segundo o testemunho de Fabião, num "cessar-fogo e a criação de uma conferência sem pontos prévios" entre ambas as partes. "Acordou-se que durante dez anos se faria a regionalização dos quadros – isto é, a sua formação com vista à futura administração do país –, e no termo desse prazo o país guineense escolheria a forma como queria estar com Portugal: independência total, comunidade, federações, ligação de estados, etc."[357]

Poucos meses depois, Spínola, encontrando-se em Portugal (Luso), recebe uma mensagem de Fragoso Allas "dizendo que o Amílcar Cabral estava na disposição de ir a Bissau [em Outubro de 1972], conferenciar comigo [...] e que, se o Presidente do Conselho" o quisesse acompanhar, "também falaria com ele." Caetano (que se encontrava no Buçaco) respondeu, "redondamente, que não iria, nem autorizava a continuação dos contactos, esclarecendo-me que, se fosse só o problema da Guiné, ainda aceitaria. Mas que os reflexos, em Angola e Moçambique, eram de tal ordem que ele não podia aceitar."[358] Isto porque, "provavelmente, a sua estratégia passaria por transformar Angola num país 'economicamente viável' (o que estaria praticamente conseguido em 1974), conceder-lhe a independência a curto prazo, e depois abandonar a Guiné, sem correr o risco de uma debandada geral, e concentrar todos os esforços em Moçambique."[359]

Contudo, aquela era precisamente a ideia dos spinolistas. Ganhar a paz em África, aplicando a receita da Guiné nas outras províncias, e "a partir daí, Spínola colocaria os seus homens em pontos chaves e faria um golpe palaciano" em Lisboa. Para os spinolistas foi "o fim de todas as ilusões e um desgosto tremendo"[360]. O general pediu logo a demissão. "Em Maio tinha sido forçado a acabar com as conversas com o Senghor; agora proibiam o encontro com Cabral.

---

[357] Entrevista a Carlos Fabião. Em http://www.uc.pt/cd25a/wikka.php?wakka=ecfabiao.
[358] BERNARDO, Manuel, *idem*, 1996, p. 239.
[359] Vasco Pulido Valente, cit. em OLIVEIRA, Pedro Aires, *Uma mão cheia de nada? A política externa do marcelismo*, PENÉLOPE, nº 26, 2002, p. 94.
[360] Entrevista a Carlos Fabião. In http://www.uc.pt/cd25a/wikka.php?wakka=ecfabiao.

Já não estava a fazer nada em Bissau."[361] Disse mesmo que, "a partir daí deixei de ser marcelista." Em 5 de Junho de 1972, visivelmente agastado com a primeira proibição negocial, afirma, improvisando, na cerimónia de despedida de soldados em Brá, que "não são os patriotas de tribuna que vos podem dar lições sobre o que é e como se defende o País, pois é no peito de cada um de vós que ele vive. (...) Por isso – dizia – confundo o culto da Pátria com o culto do povo"[362]. Mais tarde, em Dezembro, após a segunda proibição negocial, volta à carga: "pertencemos a uma Nação que ao longo da sua história já foi posta em perigo pela vaidade teimosa de elites que, sem terem vivido o povo, se arrogaram falar em nome dele."[363]

Marcello Caetano não percebeu ou não quis aceitar que a proposta de Spínola não era apenas uma solução do problema. Na verdade, era a única solução viável do problema para as FA que faziam a guerra. Estas não tolerariam uma nova Goa. O que significava, na prática, o divórcio entre estas e o governo. Simbolizado, por sua vez, no divórcio entre Spínola e Caetano. Este ficou, irremediavelmente, fragilizado no poder. O primeiro, cumprindo os objectivos do seu "grupo" (conhecidos pelos "sete magníficos")[364], assumiu, definitivamente, o protagonismo político.[365]

Em Outubro de 1972, o general empreenderia uma derradeira tentativa de convencer Caetano a avaliar a negociação, ao "pressentir que perdemos talvez a última hipótese" de dialogar em "situação transitória de manifesta superioridade"[366]. Considerava-se que Amílcar Cabral desejava a paz com Por-

---

[361] BERNARDO, Manuel, *idem*, 1996, p. 346.
[362] SPÍNOLA, António de, *Por uma Portugalidade Renovada*, p. 14.
[363] Idem, p. 289. Ideia um pouco devedora da tese defendida por Franco Nogueira, em *As Crises e os Homens*, de 1971, segundo a qual as elites governativas em Portugal foram sempre as responsáveis pelas grandes crises nacionais, e, por oposição, o povo o seu reduto e "reserva moral".
[364] "A ideia era precisamente darmos o melhor de todos nós na Guiné de tal modo que, a partir da acção de Spínola e dos seus sucessos na Guiné, ele se transformasse numa figura indiscutível. Pretendíamos que os seus feitos no terreno tivessem obrigatoriamente forte repercussão na metrópole. E assim trabalhámos...". Entrevista a Carlos Fabião. Em http://www.uc.pt/cd25a/wikka.php?wakka=ecfabiao.
[365] Numa tentativa de explicar a falência da "via negocial", Pedro Aires Oliveira escreveu o seguinte: "das duas uma: ou Caetano estava já rendido à 'teoria dos dominós' ou, a poucos meses da eleição do Presidente da República, temia fortalecer ainda mais o prestígio militar que Spínola, um dos nomes mais falados para suceder a Tomás, alcançara após quatro anos na Guiné." Em OLIVEIRA, Pedro Aires, *idem*, p. 109.
[366] "Amílcar Cabral, perante a desarticulação do partido e face à pressão da massa combatente guineense, totalmente desequilibrada a favor da causa nacional que aqui defendemos, viu-se constrangido a diligenciar entrar em diálogo comigo sem quaisquer condições prévias e, nos termos do plano de paz de Senghor, mediante a recíproca aceitação de um «cessar-fogo». [...] Não desejo esconder as minhas apreensões ao pressentir que perdemos talvez a última hipótese de o Governador da Guiné dialogar com Amílcar Cabral em situação transitória de manifesta superioridade. Mas pode Vossa Excelência

tugal. Segundo outro testemunho de C. Fabião, Cabral terá dito aos seus camaradas o seguinte: "vocês hão-de ver que quando vier a paz os portugueses são os únicos indivíduos com quem a gente se vai entender."[367] Aliás, "o governo quando lhe tirou, a ele [Spínola], a capacidade de negociar com o Amílcar Cabral, condenou o Amílcar à morte porque [...] o grupo de oposição dentro do Partido ganha força [...]. Qualquer coisa que o Amílcar Cabral tinha para oferecer àquela gente era um entendimento com Portugal e a independência da Guiné." Não existindo evidências quanto aos responsáveis, a verdade é que A. Cabral foi assassinado em Janeiro de 1973 e, com ele, morreu a única solução até aí ensaiada para se conseguir, politicamente, o fim da Guerra. Caetano, porque "era obstinado" ou "não tinha coragem", manteve-se inflexível: preferiu "uma derrota militar"[368].

Afinal, sempre havia surgido outro D. Pedro IV. Adriano Moreira, ex-ministro do Ultramar, sob presidência de Salazar, realçou a excepcionalidade do homem: "no espaço português apenas se diferenciou um homem, com vigor e personalidade, que foi Amílcar Cabral"[369]. Spínola insistiu sempre que concordavam em tudo, apenas preconizando "prazos" divergentes. Somente Caetano, orgulhosamente só, não quis admitir que o grito, desta vez, pudesse não partir da aristocracia metropolitana.

Entretanto, "já há uns dois ou três anos que um grupo de oficiais da Guiné conspirava num projecto que tinha como objectivo a tentativa de derrube do

---

estar tranquilo, pois não acederei a qualquer pedido de diálogo sem a sua prévia anuência." Carta de Spínola a Caetano, em ANTUNES, José Freire, *Cartas Particulares a Marcello Caetano*, p. 156.

[367] "O Amílcar Cabral era um homem extraordinariamente culto, extraordinariamente capaz de levar as pessoas, de influenciar. [...] Ao nível de África também o Amílcar Cabral era um indivíduo ouvido, era um líder africano. [...] Tinha grandes ligações a nós e todo o seu discurso foi sempre um discurso de entendimento connosco e nunca de ataque a nós. Ele tem aquela frase que aliás os tipos do PAIGC me disseram que ele disse, durante a guerra terá dito, contou-me também o Zé Araújo e outros, vocês hão-de ver que quando vier a paz os portugueses são os únicos indivíduos com quem a gente se vai entender. É claro ele tem muita ligação a Portugal, não é verdade. Ele estava casado com uma portuguesa. Estudou em Lisboa." Entrevista a Carlos Fabião. Em http://www.uc.pt/cd25a/wikka.php?wakka=Tc1350.

[368] "Ele era muito pior do que o Salazar. [...] Ele falhou porque não teve a coragem de tomar uma opção." Entrevista a Manuel Monge. Em BERNARDO, Manuel, *idem*, p. 286.
Numa das entrevistas que deu no exílio, quando perguntam a Marcello se "foi sempre contrário a negociações para tratar da descolonização", responde que "fui e não me arrependo. Se até 1974 o que eu disse era inspirado no raciocínio e na experiência alheia, creio que o que se passou depois fornece uma experiência própria bem eloquente também..." Em CAETANO, Marcello, *O 25 de Abril e o Ultramar: três entrevistas e alguns depoimentos*, pp. 25-26.

[369] MOREIRA, Adriano, *O Novíssimo Príncipe: análise da revolução*, Prefácio, Lisboa, 2003 (edição original de 1977), p. 61.

Governo..."[370], o que, objectivamente, hipotecava qualquer projecto político a médio/longo prazo, que seria, fatalmente, sugerido "fora de tempo". Ainda assim, outro valor mais alto se impôs – a necessidade de se apresentar uma solução.

4.2. Por mares nunca dantes navegados: as *Comunidades*

Como vimos ao longo do capítulo anterior, sobretudo no último ponto, a partir de 1961, a comunidade internacional hostilizara-se abertamente contra o regime português e a sua política ultramarina. E nem o facto de Portugal integrar algumas organizações internacionais (NATO, EFTA, ONU, OECE) atenuou essa hostilidade.

Uma das "missões" ou "ciclópicos" trabalhos de Marcello consistiria em inverter ou, no mínimo, aliviar a crescente pressão internacional exercida sobre o Governo português. Numa primeira fase, nos anos de 1968-69, a estratégia passava por reintegrar o país no "bloco ocidental", apelando, sobretudo mas não só, à "solidariedade dos países da Europa Ocidental."[371] Basicamente, a argumentação baseava-se na proposição segundo a qual os problemas que Portugal estava a enfrentar tornar-se-iam, inevitavelmente, em problemas de todo o "Ocidente" e as vantagens estratégicas da presença portuguesa em África não se resumiriam a Portugal mas beneficiariam todo o "bloco".

Visto que o governo português se considerava "vítima" da bipolarização política/militar, expressa na Guerra Fria, justificava a sua política ultramarina com esse mesmo quadro geoestratégico. O discurso de 24 de Outubro de 1968 é exemplificativo do que se acaba de dizer: "essa solidariedade não pode, porém, limitar-se a umas tantas questões localizadas no território do nosso continente. O Ocidente é um bloco. E em todas as ocasiões e em todos os lugares, seja qual for o ponto do Globo em que os seus valores ou os seus interesses vitais sejam ameaçados temos o dever de os defender. Se a Europa Ocidental deixar que os seus adversários apertem ao redor dela o cerco, será asfixiada sem remédio. Não poderiam então os nossos amigos de Além-Atlântico [numa óbvia alusão aos EUA] gozar a segurança da sua liberdade." [372]

---

[370] Entrevista a Carlos Fabião. Em http://www.uc.pt/cd25a/wikka.php?wakka=ecfabiao.
[371] No Palácio de Queluz, em 24 de Outubro de 1968. Em CAETANO, Marcello, *Coordenadas da Política Externa Portuguesa*, SEIT, Lisboa, 1970, p. 7.
[372] Na continuação: "Por isso atrevo-me a dizer que nós, Portugueses, procurando tenazmente manter no âmbito do Ocidente algumas posições estratégicas e territoriais importantes, não obstante a incompreensão de alguns, temos prestado não pequeno serviço à causa comum – e, apesar de tudo, porque obedecemos a um imperativo da nossa consciência colectiva, havemos de continuar a prestá--lo." Em CAETANO, Marcello, *idem*, 1970, p. 7.

Nesta matéria, Marcello não inovou em relação a Salazar (ou F. Nogueira). O discurso permanece praticamente o mesmo. A inovação e aprofundamento viriam da Guiné. Spínola não só tinha uma perspectiva geoestratégica dos problemas perspicaz e um bom conhecimento das relações internacionais como a exprimia frontalmente, sem o cuidado de Marcello. Enquadrando o aparecimento dos movimentos "subversivos" e "terroristas" (porque não convinha chamá-los "independentistas") e o despoletar do conflito armado nos territórios portugueses, à imagem do que sucedera em toda a África, à estratégia soviético-comunista de conquista de espaço de influência ao Ocidente (citando inclusive Trotsky e Bukarine[373]), criticou severamente o "bloco ocidental", considerando que não estava a dar a resposta adequada à ofensiva soviética, alertando que "temos de reconhecer, por mais que nos choque, que só poderemos vencer a *revolução de massas* com a *revolução de massas*."[374]

Tendo em conta o apoio sino-soviético-cubano ao PAIGC e apesar de considerar que a solução do problema ultramarino era um assunto interno, pese embora a influência determinante externa, lamenta a "estagnação" dos EUA, que poderia correr o risco de confundir-se com resignação, por permanecerem agarrados aos "termos clássicos das suas concepções". E reprovava, de forma cáustica, a atitude daqueles que "ingenuamente se julgam defendidos (...) pela NATO (...), com as suas pesadas divisões e os seus foguetões", por ser incapaz e inadequada para defender o Ocidente, "pelo simples motivo de que não é nesse campo [o militar] que estamos a ser atacados."[375] O que, dito de outro modo, significa que se o problema era político-social, a solução também tinha de o ser. Precisamente o que tentara fazer na Guiné, onde se travava uma "guerra eminentemente psicológica".

A projecção internacional do problema ultramarino só ocorria cirurgicamente e sempre num plano estratégico. Ao considerar que se travava também na Guiné uma luta contra os "inconfessáveis interesses de países estranhos", dos quais Portugal era "vítima" e o PAIGC um mero e ingénuo joguete, Spínola sustentava que "a autêntica luta anti-imperialista travada na Guiné e pelo seu povo, é a nossa. É curioso, mas é uma realidade."[376] No sentido de invalidar qualquer antagonismo entre o que designa por "Grande Nação Por-

---

[373] "Encontramo-nos, de facto, perante a concretização da velha intenção trotskysta: «destruir o Ocidente com qualquer coisa que o Ocidente não compreenderá», ou, como afirmou Bukarine, «apodrecer suficientemente os inimigos da União Soviética para sobre eles alcançar a vitória sem que o exército vermelho tenha de disparar um só tiro fora das suas fronteiras»." SPÍNOLA, António de, *Linha de Acção*, p. 48.
[374] *Ibidem*.
[375] *Idem*, pp. 48-49.
[376] Idem, *Por uma Guiné Melhor*, p. 378.

tuguesa" ("multirracial", "multicultural" e "multicontinental") e o "quadro da real evolução do mundo actual", o general considerava, ou pelo menos veiculava essa ideia, a defesa dos interesses portugueses, ocidentais e africanos indissociáveis. A defesa de uns implicaria, necessariamente, a defesa dos outros. E neste ponto, até pelos conceitos, estava sintonizado com a "retaguarda".

Se na forma é possível detectar motivações propagandísticas, a evolução do conteúdo discursivo spinolista traçava as linhas orientadoras do projecto político. A política de promoção social e de, nas palavras de Spínola, "autêntica unidade nacional", fundamentada na rica "diversidade" e no "nosso tradicional humanismo" (legitimado pela histórica presença portuguesa em África[377]) pretendia "fazer progredir o homem sem alienação cultural, por um processo de dinâmica interna suficientemente realista para ser aceite sem contestação"[378], porque, argumentava, "combatemos aqui por uma certa concepção do mundo e da vida"[379].

O parceiro internacional português que reflectia, naturalmente, essa "concepção do mundo e da vida" era o Brasil. A viagem oficial de Caetano a esse país, em 8 de Julho de 1969, foi uma tentativa de aproximação ao parceiro que entretanto se tinha demarcado (nomeadamente na ONU) da política e do regime português. Apelando ao coração, Marcello referiu que "há na política externa portuguesa uma constante inalterável: a amizade com o Brasil." E que este "é mais do que um país, do que um povo, do que uma projecção magnífica da nossa cultura no plano universal: é um mundo que faz parte de nós próprios, da nossa maneira de ser". Num tom poético, em que era pródigo, tentava relançar a "Comunidade Luso-Brasileira", insistindo na necessidade de "cooperação que na ordem política, como na económica e na cultural, deve verificar-se constantemente". Porque, disse, "a Comunidade é um sentimento. A Comunidade é um propósito. A Comunidade é uma política."[380] Na verdade, não era nada disso. Pouco mais era do que um instrumento de intercâmbio literário/linguístico.

---

[377] Não sendo talvez o melhor exemplo da capacidade argumentativa de Spínola, não deixa de ser interessante o seguinte excerto de uma entrevista concedida à *Independent Television – UK*: "Quando aqui chegámos, há 500 anos, não disputámos a soberania da Guiné a qualquer autoridade nacional constituída adentro das suas actuais fronteiras. De resto, devo recordar que há 700 anos a Província europeia do Algarve foi conquistada aos árabes que então ocupavam a Península, e não consta que haja qualquer reivindicação ou contestação sobre o Algarve cuja população é já independente por ser parte integrante de Portugal independente, gozando de plenos direitos de cidadania. A menos que Amílcar Cabral baseie as suas reivindicações em questões rácicas; mas isso também não podemos aceitar, porque defendemos intransigentemente a tese da igualdade e do respeito pela dignidade humana." *Idem*, p. 384.
[378] Idem, *Linha de Acção*, p. 332.
[379] Idem, *Por uma Portugalidade Renovada*, p. 348.
[380] CAETANO, Marcello, *Coordenadas da Política Externa Portuguesa*, pp. 10-14.

Na Guiné, o seu governador chamava a atenção para a necessidade de "estar-se no mundo" e "acompanhá-lo nas suas mutações."[381] Consciente da impossibilidade de garantir o crónico e insustentável sobredimensionamento estrutural português, defendeu a ideia de "Lusofonia", inspirada no "luso-tropicalismo" de Gilberto Freire, que parece querer abraçar afectivamente o imenso Atlântico Sul outrora português. Projecto que visaria a "complementaridade de interesses económicos", no sentido de uma possível constituição de um grande espaço político-económico, na exacta medida das várias vontades nacionais.[382] De Lisboa, porém, vinha esta réplica vaga e irresoluta: "qual a linha evolutiva dos territórios ultramarinos portugueses, qual o lugar que lhes cabe ou virá a caber dentro da Comunidade Portuguesa, são outros problemas. Em política só cabem as visões históricas e essas são incompatíveis com as juras para a eternidade."[383]

O presidente do Conselho não parecia acreditar no seu próprio discurso e na possibilidade do que projectava, talvez porque pensasse que, simplesmente, não era ele quem tinha de acreditar, mas os portugueses, que (nisso sim, já acreditava) lhe tinham concedido um "mandato" inequívoco. No discurso de 28 de Fevereiro de 1972, na Conferência Anual da ANP, entendeu que "enquanto o País quiser que me ocupe dos seus destinos, entendo que deseja liberdade sem anarquia, progresso sem desequilíbrio, justiça social sem revolução." A inflexão no domínio político, referida no capítulo anterior, evidenciava-se no decorrer do ano de 1972.

Aspecto tanto mais relevante, quando confrontado com a intensa, ainda que curta, acção de Adriano Moreira, onze anos antes, à frente do Ministério do Ultramar (MU). Nesses dois anos, o próprio destacou apenas "a revogação do estatuto dos indígenas."[384] Considerando que "fora um documento elaborado com as melhores intenções mas que se transformara num símbolo de discriminação."[385] Atribuindo o seu destaque ao facto de que sempre lhe "pareceu que um dos elementos fundamentais da concepção portuguesa era o de que as sociedades deviam ser integradas."[386] O Brasil, segundo defendeu, era um exemplo disso mesmo.[387]

---

[381] Idem, *Por uma Portugalidade Renovada*, p. 490.
[382] *Idem*, pp. 577-579.
[383] Do prefácio ao livro "Mandato Indeclinável". Em CAETANO, Marcello, *Razões da Presença de Portugal no Ultramar*, SEIT, Lisboa, 1971, p. 37.
[384] Entrevista conduzida pela jornalista Maria João Avillez, disponível no "Arquivo Electrónico" do *site* do Centro de Documentação 25 de Abril – www.uc.pt/cd25a.
[385] *Ibidem*.
[386] *Ibidem*.
[387] "Mas há aqui um ponto que é curioso lembrar: eu não conheço nenhum doutrinador da unidade portuguesa que alguma vez tenha lastimado a independência do Brasil... Pelo contrário: todos

Embora reconhecendo que "hoje dificilmente um país mantém uma inteira soberania em todos os sectores da vida nacional", Marcello apenas estudou a "A Lição do Brasil", no discurso proferido em 10 de Abril de 1972, para atacar (ou defender-se) a ONU, por considerar que existia nesta "a falsa concepção de que cada continente pertence às raças que dele são consideradas originárias. Por isso se pretende fazer vingar o princípio de que África só pode haver Estados governados por pretos."

O argumento integrador a que, implicitamente, se refere neste discurso, legitimador da presença portuguesa em África e na Ásia, era a grande bandeira da política externa portuguesa, especialmente quando aquele era posto em causa. Contudo, apenas A. Moreira (no salazarismo) e António de Spínola (durante o marcelismo) procuraram dar-lhe consistência e fundamento[388]. Em sentido lato, tanto as reformas de Adriano Moreira como o pensamento e acção política de Spínola vão desembocar numa espécie de *Pan-Lusofonismo*, cuja forma seria secundária, pois o vital e verdadeiramente importante era preservar o estatuto e a presença internacional dessa "forma de estar no mundo, que é ser Português".[389] Mesmo num prisma exclusivamente geoestratégico.[390]

Um dos "sete magníficos", Almeida Bruno, resumiu o projecto desta forma: "o Ultramar devia ser reconvertido; primeiro, em regiões autónomas; depois,

---

achavam sempre que o Brasil era uma glória portuguesa. Ora o Brasil foi efectivamente um Estado tornado independente por acção dos próprios portugueses, que, ao verificarem a evolução da conjuntura, procederam a uma avaliação dos riscos para o regime de então – o regime monárquico – e fizeram a independência que salvaguardou a presença portuguesa e a sociedade integrada que ali se desenvolvia." *Ibidem*.

[388] "Quando o almirante Sarmento Rodrigues – um homem por quem tenho grande admiração – me convidou, era ele ministro do Ultramar, para eu fazer um projecto de reforma do sistema prisional do ultramar. Eu dedicava-me na altura ao Direito Criminal e aceitei fazer esse estudo. Visitei então Angola, Moçambique, São Tomé e Guiné. (...) Talvez aí por 1953. (...) E foi determinante pelo desafio: todos os portugueses que passavam por África adquiriam uma noção de responsabilidade, de dimensão, que a sociedade metropolitana não fornecia. Havia infelizmente uma falta de correspondência nas imagens dos que tinham conhecimento africano e dos que apenas tinham uma experiência metropolitana: o ultramar real não era reproduzido nas preocupações de quem estava reduzido à metrópole e isso não foi bom para o país." *Ibidem*.

[389] SPÍNOLA, António de, *Linha de Acção*, p. 291.

[390] Num artigo de análise da conjuntura internacional de Spínola para a revista *Defesa Nacional*, de Agosto de 1971, intitulado "A Defesa do Ocidente", Spínola transpõe a ideia da seguinte forma: "Impõe-se, a par do reajustamento de conceitos e de estruturas, um alargamento de áreas de influência e de interesse, tirando partido das extraordinárias potencialidades de alguns dos países ocidentais no quadro de um contexto euro-afro-americano que tem de caracterizar os novos rumos de defesa do Ocidente, defesa para a qual Portugal, a Espanha e a França poderão dar um contributo decisivo pelo prestígio que as respectivas culturas alcançaram nos continentes africano e sul-americano. De outra forma, o Ocidente irá, pouco a pouco, perdendo a sua capacidade de reacção, e com ela, a própria liberdade." Idem, *No Caminho do Futuro*, p. 98.

uma federação; e, finalmente, cada território, à medida que atingisse um grau suficiente de desenvolvimento, seria rigorosamente independente e apareceria, assim, a Comunidade Lusíada."[391] Passados mais de vinte anos, Spínola afirmou estar convencido "de que seria possível edificar, com pleno êxito, uma Comunidade Lusíada."[392] E demonstrava o realismo desta hipótese dando o exemplo dos espaços de integração económica europeus, com os quais não identificava Portugal devido à histórica tendência africana, que não tendo entre si os laços que existem adentro do espaço lusófono (a começar pela língua), estavam a ser bem sucedidos.

A analogia com o sucesso da integração europeia não é, de modo algum, inocente. Portugal estava a viver, durante o marcelismo, como foi salientado, um período único de prosperidade económica. Spínola realçava o facto, que na sua perspectiva se caracterizava, "contrariamente à primeira fase do pós--guerra, por uma recuperação significativa do atraso económico do país, (...) referido internacionalmente como um importante caso de crescimento económico, sendo por diversos autores associado à dinâmica dos então chamados Novos Países Industrializados (NPI)".[393] Ora, a geração de sessenta, que estava a gozar dos benefícios desta conjuntura, era, segundo vimos, o principal grupo de apoio do marcelismo. Apoio esse, todavia, mais virtual do que real, devido a um equívoco de base: para a "vanguarda tecnocrata", conotada negativamente por africanistas como F. Nogueira[394] ou A. Moreira[395], o "destino histórico" português já não estava em África, mas sim na "nova Europa". Basta recordar a "nova política industrial" defendida por Rogério Martins, nos inícios de 1970, que tinha já como pano de fundo a Comunidade Económica Europeia (CEE). Uma posição fundamentada numa realidade indesmentível: nesta altura, o "Mercado Comum" representava já 55% do comércio externo português, enquanto as trocas com o Ultramar representavam somente 10%.

O chefe do governo português, que enquanto ministro da Presidência acompanhara as negociações com vista à constituição da EFTA, era, obviamente, um atento observador da construção europeia e do poder de sedução que esta exercia sobre os seus colaboradores e empresários (muitos deles seus amigos pessoais). Com a entrada da "velha aliada" para a CEE, fica claro que Portugal não

---

[391] BERNARDO, Manuel, *idem*, p. 261.
[392] GUERRA, João Paulo, *Descolonização portuguesa: o regresso das caravelas*, p. 51.
[393] SPÍNOLA, António de, *Linha de Acção*, pp. 41-42.
[394] Afirma o autor que o "tecnocrata" é «um homem ainda novo, ignorante que estudou o "Manual do País Exemplar", vê a nação em termos de chaminés de fábricas e electrodomésticos, e tem a audácia dos ignorantes." Em "16 Setas", *Política* (Lisboa), ano II, nº 28 (1-3-1971), p. 5.
[395] "Os tecnocratas, que amam o poder e o dinheiro sem a responsabilidade, (...)". Em MOREIRA, Adriano, *O Novíssimo Príncipe*, p. 69.

poderia ficar à margem da "nova" Europa. A solução, novamente de compromisso, foi o Acordo Comercial, assinado em Dezembro de 1972. Caetano via-se perante novo dilema: "as elites do regime estavam divididas em relação a duas opções que todos sabiam ser mutuamente exclusivas: a Europa ou o Império."[396]

Spínola é confrontado, numa entrevista em Junho de 1970, precisamente com o facto ser "sugerida em certos sectores da opinião nacional a necessidade de se optar por uma política europeia ou por uma política africana". A sua resposta, sem desfazer o "dilema", não abona, naturalmente, a favor da opção europeia. Afirmando que o chamado "problema ultramarino português" era um falso problema porquanto "não pode isolar-se o Ultramar da Metrópole", considerava que "somos uma Nação mais voltada para a África do que para a Europa e, como tal, não há lugar para a opção que refere."[397] Não rejeitou uma aproximação europeia, muito pelo contrário, reconheceu a sua necessidade. A solução passaria por "revisões em ordem a harmonizar a nossa raiz europeia com o imperativo da extensa comunidade que também somos." Acrescentando, no seu projecto federalista, que "não abriremos, nesse processo, qualquer precedente".[398] O que ia um pouco ao encontro de F. Nogueira, que, apesar do radicalismo empregue nas suas tomadas de posição[399] (que deve ser compreendido sobretudo em função da "inacção" marcelista[400]), quando afirmou que "não temos que ser europeus ou antieuropeus: temos de pensar em termos portugueses (...) e obter o que nos for útil (...) sempre no quadro dos interesses portugueses..."[401]

Por razões óbvias, o general apenas no "Portugal e o Futuro" abordou a "unificação europeia". Sempre numa óptica geoestratégica, afirmou não crer "que alguém tenha dúvidas quanto ao imperativo de uma unificação europeia como condição de sobrevivência deste velho berço da civilização ocidental; é que, – continua – apesar das aparentes contradições ideológicas e das reais diferenças de estádio, das barreiras linguísticas e de certas diferenças entre concepções de vida, é muito mais profundo o que une e aproxima as nações europeias do que

---

[396] OLIVEIRA, Pedro Aires, *Política Externa*, em ROSAS, Fernando e OLIVEIRA, Pedro Aires, *A Transição Falhada*, p. 322.
[397] SPÍNOLA, António de, *Linha de* Acção, pp. 17-18.
[398] Idem, *Portugal e o* Futuro, p. 82.
[399] Referindo-se àqueles que acreditam naquilo que ele designa por "mito europeu", com mais de "2000 anos", afirma que "não sentem a Nação Portuguesa na sua totalidade", até porque "nunca a Europa teve em conta os interesses puramente portugueses." *Diário das Sessões* (da Assembleia Nacional), ano de 1970, nº30 (8-4-1970), p. 570.
[400] Cuja ambiguidade conduzia à tentativa de "conciliar o inconciliável, unir numa mesma tese projectos contraditórios", como escreveu José Manuel Tavares Castilho, idem, p. 68.
[401] "Considerações de ordem política sobre a posição de Portugal em face da Europa", em *Diário das Sessões* (da Assembleia Nacional), ano de 1970, nº30 (8-4-1970), p. 569.

quanto as separa."⁴⁰² Para afastar qualquer suspeita de anti-europeísmo, confirmou crer "bem que, no quadro actual, volta a desenhar-se, com justificada esperança, o pensamento de Jean Monnet; e ainda que os 'Estados Unidos da Europa' não tenham efectivamente começado, tudo leva a crer encontrar-se a Europa, de facto, no arranque da 'Confederação Europeia'."⁴⁰³ Pode adivinhar-se no exposto que o elogio do que não desejava seria uma forma de conseguir a aceitação do que pretendia.

No fundo, para Spínola a CEE era uma inevitabilidade. E é nessa condição que aborda a questão. A "Comunidade Lusíada", essa sim, representava o futuro de Portugal. Questionava por isso a exequibilidade dum aprofundamento da integração portuguesa na Europa, donde remata, "que tal situação de conflito seja solúvel na hipótese de se ficar pelos acordos comerciais, até porque na estrutura jurídica da Comunidade Europeia, os acordos comerciais não são reserva exclusiva de países europeus não aderentes nem associados."⁴⁰⁴

Independentemente do projecto, na Guiné prosseguia a Guerra. Amílcar Cabral manifestava, categoricamente, a irreversível intenção do partido em proclamar, logo que fosse oportuno, a existência do Estado soberano da Guiné e consequente destruição da presença "colonialista" portuguesa⁴⁰⁵. Perseguindo o mesmo objectivo na IX Conferência da OUA (Junho de 1972), Cabral apresentou um documento⁴⁰⁶ onde desenvolvia os passos e os mecanismos conducentes à desejada proclamação do Estado guineense. A palavra de ordem era "independência total e imediata". Ademais reforçada pelo fracasso das negociações. Para os militares, outro valor mais alto se levantou. Caetano havia referido, num seu discurso que "alguém teria de arcar com as responsabilidades". Aqueles estavam dispostos a fazê-lo, mas não para reeditar a solução experimentada em Goa.

4.3. Os militares, o regime, Portugal e o futuro
Em 1961, Salazar não reformou porque acreditara na vitória militar, segundo a observação de Adriano Moreira. Em 1968, Caetano pretendia reformar, mas sem "precipitações", porque esperava a prorrogação do impasse militar. Acabou por reformar moderadamente e a Guerra precipitou-se. A fechar o ano de 1972, recebia da Delegação da PIDE/DGS presente na Guiné, a derradeira

---

[402] SPÍNOLA, António de, *Portugal e o Futuro*, Prefácio, Lisboa, 2003, p. 79.
[403] *Idem*, pp. 80-81.
[404] *Ibidem*.
[405] CABRAL, Amílcar, *Discurso do Camarada Secretário-geral na Reunião do Conselho de Segurança em Adis Abeba*, Serviços de Informação do PAIGC, Fevereiro de 1972.
[406] CABRAL, Amílcar, *Situation de la lute du PAIGC en Janvier 1973 – Rapport à l'intention de l'OUA*, s.d., p. 8.

confirmação: "infelizmente somos forçados a admitir que Cabral terá possibilidades de realizar os seus objectivos", dado que o PAIGC, contrariamente às forças "colonialistas", continuava a receber "consideráveis reforços de pessoal e material ligeiro".[407] Marcello não ficou muito preocupado: "os exércitos fizeram-se para lutar e devem lutar para vencer, mas não é forçoso que vençam. Se o exército português for derrotado na Guiné depois de ter combatido dentro das suas responsabilidades, essa derrota deixar-nos-ia intatas [sic] as possibilidades jurídico-políticas de continuar a defender o resto do Ultramar." Pelo que, "para a defesa global do Ultramar é preferível sair da Guiné por uma derrota militar com honra, do que por um acordo negociado com os terroristas, abrindo o caminho a outras negociações."[408]

Compreende-se facilmente que Spínola ficasse "escandalizado", como refere Marcello, num tom condescendente para com o general que, simplesmente, não partilhava o seu "ponto de vista". Contudo, não foi apenas este que "não se conformou", mas todos os oficiais que combatiam há demasiados anos para garantir o tempo necessário para uma solução política que nunca chegou. A contradição que caracteriza a postura e discurso de Caetano é gritante. A manifesta insensibilidade para com a realidade duma Guerra que ia já, em 1973, para doze anos, e para com o esgotamento das FA (a todos os níveis) é inexplicável. Igualmente, não se percebe o facto de rejeitar uma solução política na Guiné e considerar que tinha "possibilidades jurídico-políticas" de fazer fosse o que fosse em Angola e Moçambique. A lógica da dimensão económica e demográfica das diferentes províncias também não é justificável. O "efeito dominó" que ele tanto temia e para o qual tanto contribuíra, aconteceria de qualquer forma. Como aliás aconteceu. Restava optar entre a persecução de um efeito positivo ou negativo. Optou pelo segundo. A uma "derrota militar" na Guiné, com ou sem honra, seguir-se-iam outras em Angola e Moçambique.

Amílcar Cabral tinha absoluta razão quando dizia "que a nossa [do PAIGC] luta de libertação nacional é não somente a mais avançada de África mas também uma das mais avançadas no quadro geral da luta dos povos oprimidos contra o imperialismo e o colonialismo (...)"[409]. Não foi racional, sensato ou prudente ignorar este facto.

A "moderação" abandonou-o decididamente nestes meses finais de governação. No mês de Junho de 1973, com o sugestivo título de *O apelo do interesse*

---

[407] IAN/TT, Arquivo da PIDE, SC, Pastas Organizadas por Províncias Ultramarinas – Guiné, caixa 14, f. 450. Cit. em MATEUS, Dalila Cabrita, *idem*, p. 176.
[408] CAETANO, Marcello, *Depoimento*, p. 191.
[409] CABRAL, Amílcar, *Memorandum a l'intention dês Chefs d'Etat ou de Gouvernement d'Afrique*, 9ème Conférence de l'OUA, Rabat, 1972, p. 9.

geral, advertiu em Aveiro que "não pensem os ingénuos que há terceiras vias." Surpreendente declaração, pois o que era afinal o regime que construiu e defendeu durante quarenta anos? Como realçou Reis Torgal, Salazar apresentara-o, precisamente, como "a terceira via". Caetano defendera-o enquanto "solução mais conveniente" e de "compromisso". A explicação desta contradição residiria na extenuante reincidência em relação ao "adversário da ordem social", o Partido Comunista (PC)[410]. À imagem do que acontecera com Salazar, o "terrível" perigo vermelho convertia-se em frente de batalha, canalizava as energias e justificava o injustificável. Desta forma, não admitia (ou sequer via) a degenerescência e decomposição interna do regime que liderava.

Obcecado com a luta ideológica, a governar na ficção "jurídico-política", não prestou a necessária atenção ao estado de sítio do verdadeiro poder do regime: as FA. Porque, segundo afirmou a propósito de Costa Gomes e Spínola, por ocasião da publicação do "Portugal e o Futuro", ele "não podia admitir que tais pessoas não tivessem a noção do interesse nacional e do dever militar."[411] Os relatórios da PIDE/DGS de Maio/Junho de 1973 focam repetidamente a "evidente falta de meios" e a "nítida falta de determinação das tropas europeias, incluindo oficiais permanentes"[412]. Poucos meses depois, a situação chega ao ponto de a PIDE/DGS considerar que a "inépcia das tropas portuguesas é praticamente total."[413] Partindo-se do princípio de que tinha acesso a estes relatórios, não se preocupou sequer em compreender o motivo. Simplesmente, os militares têm de cumprir o seu "dever"[414].

No regresso da desastrosa viagem a Londres, no dia 19 de Julho de 1973, Marcello asseverava, para a última "manifestação espontânea" do seu consulado, que tem "um objectivo muito nobre. Queremos que Portugal continue como é." Semanas depois, Spínola abandonava a Guiné, porque sabia que Por-

---

[410] "Porque a única ideologia da oposição que tem uma organização com sequazes militantes é a comunista. E o único grupo com capacidade de combate, de aglutinação e de domínio nessa oposição é o partido comunista. Aveiro verificou, ainda não há muito, que assim é. E se reconhecê-lo é uma homenagem a esses aguerridos adversários da ordem social, julgo preferível prestá-la a voltar a cara à verdade e deixarmo-nos viver no meio de ilusões." Em CAETANO, Marcello, *O apelo do interesse geral*, SEIT, Aveiro, 24 de Junho de 1973, p. 13.
[411] CAETANO, Marcello, *Depoimento*, p. 195.
[412] IAN/TT, Arquivo da PIDE, SC, Pastas Organizadas por Províncias Ultramarinas – Guiné, caixa 15, fls. 425, 447/448, 450 e 505. Cit. em MATEUS, Dalila Cabrita, *idem*, p. 177.
[413] MATEUS, Dalila Cabrita, *idem*, p. 178.
[414] "Em Agosto de 1973, em conversa com Diogo Freitas do Amaral, Marcelo Caetano afirmava que 'as Forças Armadas, que existem para fazer a guerra, já não se querem continuar a bater, e o que desejam é fazer a paz', acrescentando que o moral das tropas era péssimo e que não sabia dizer por quanto tempo mais aguentariam o grande esforço que lhes era pedido, embora suspeitasse que não fosse por muito". *Idem*, p. 180.

tugal não podia continuar como era. Pôs-se o problema da colocação do "grande general" da Guiné. Havia que agradar-lhe e encontrar uma solução que o comprometesse, com pouco poder, com o governo. Caetano recordava-se do que o mestre lhe fizera e aproveitou a sugestão de Costa Gomes: inventou-se o cargo de vice-CEMGFA. Esperava que o general tivesse a mesma noção de legalidade e respeito pela "hierarquia" que ele, Marcello, tinha. E talvez tivesse tido, não fora estar demasiado "desgostoso" com a situação e conhecer, como ninguém, o estado de espírito das FA.[415] Semelhantemente, como foi incapaz de fazer um golpe de estado a Salazar, não concebia que podia ser vítima de um.

    Para resolver o problema da falta de oficiais que afectava as FA e, por inerência, a continuidade da Guerra, o governo promulga os famosos decretos-lei nº 353, de 13 de Julho de 1973, e nº 409, de 20 de Agosto do mesmo ano.[416] Aproveitando a mobilização feita para boicotar o I Congresso dos Combatentes do Ultramar (1 a 3 de Junho de 1973), organizado pelos "ultras", que pretendiam antecipar-se aos spinolistas e agarrar o leme do descontentamento no seio das FA, o grupo de oficiais do Quadro Permanente (QP) que vinha conspirando desde a Guiné, conseguiu reunir 400 assinaturas.[417] A este grupo juntaram-se elementos fundamentais no futuro do Movimento das Forças Armadas (MFA), como Vasco Lourenço, o mais empenhado em utilizar a reacção generalizada contra os decretos-lei e convertê-la em capital político contra o regime.[418]

---

[415] "Devo também dizer que ele aproveitava muito bem aquele lugar para fazer a sua política interna, porque recebia muita gente..." Entrevista a Costa Gomes. Em BERNARDO, Manuel, *idem*, p. 333.

[416] "Segundo esses diplomas, os capitães milicianos que pretendessem entrar no Quadro Permanente poderiam fazê-lo desde que seguissem, com aproveitamento, um curso acelerado para oficiais, na Academia Militar, com a duração de dois semestres, enquanto os cadetes necessitavam de quatro anos para serem promovidos a alferes. Além disso, a antiguidade dos oficiais milicianos que assim entrassem no Quadro Permanente passaria a ser contada a partir da sua promoção a tenentes milicianos do quadro de complemento. Exemplificando, tal poderia acarretar uma ultrapassagem média de dois anos em relação aos cadetes formados na Academia Militar e que já pertenciam ao Quadro Permanente desde o início da década de sessenta, exactamente quando se iniciou a luta armada nas colónias." Em FERREIRA, José Medeiros, *Portugal em Transe*, História de Portugal, dir. José Mattoso, vol. VIII, Lisboa, Círculo de Leitores e Ed. Estampa, 1994, p. 21.

[417] CERVELLÓ, Josep Sánchez, *A Revolução Portuguesa e a Sua Influência na Transição Espanhola (1961-1976)*, Lisboa, Assírio & Alvim, 1993, p. 145 e segs. RODRIGUES, Avelino, BORGA, Cesário, CARDOSO, Mário, *O Movimento dos Capitães e o 25 de Abril – 229 dias para Derrubar o Fascismo*, Lisboa, Moraes Editores, 1974, pp. 147 e segs. REZOLA, Maria Inácia, *AS Forças Armadas, os Capitães e a Crise Final do Regime*, in ROSAS, Fernando e OLIVEIRA, Pedro Aires, *A Transição Falhada*, Notícias Editorial, Lisboa, 2004, pp. 342-343.

[418] "Acontece que a primeira pessoa que teve noção de que aquilo era um manancial que não se podia perder foi o Vasco Lourenço que apareceu nessa altura. Eu não o conhecia. [...] O Vasco Lourenço foi ele que quase recolheu as 400 assinaturas. [...] Eu sinto, dizia ele a mim, eu sinto que vai ser com os decretos que a gente consegue mobilizar esta gente e derrubá-los." Entrevista a Carlos Fabião. Em http://www.uc.pt/cd25a/wikka.php?wakka=Tc1350.

Os decretos não foram a origem do movimento militar, mas sim a botija de oxigénio. E, ao contrário do que afirma Maria Inácia Rezola, não foi com estes acontecimentos que começou a "ganhar adeptos a tese de uma solução política, e não militar, para a guerra."[419] Desde 1971 que essa "tese" já tinha adeptos. No Verão de 1973 já não era uma "tese", mas uma certeza desperdiçada.

Além do mais, considera Manuel Monge, a proibição das negociações por parte do governo, "é o momento da acção armada no 25 de Abril."[420] Semelhantemente, a saída de Spínola da Guiné, em Agosto de 1973, foi a confirmação, para os militares, de que "com este poder, em Lisboa, nada era possível."[421]

No seu livro "País sem Rumo: contributo para a história de uma revolução", Spínola refere que, em Outubro de 1970, num trabalho que lhe havia sido solicitado por Marcello "sobre a estruturação política do País com vista à revisão da Lei Constitucional", preconizou, pela primeira vez, "uma solução federativa de transição para uma Comunidade Luso-Afro-Brasileira"[422]. No dia 28 de Maio de 1972, dois dias depois de Caetano proibir a continuação das negociações, Spínola, "num último apelo à sua reflexão", entregara-lhe um parecer onde afirmava que "com o correr do tempo, nos afastamos cada vez mais de uma solução eminentemente portuguesa para esta guerra de desfecho tão incerto que não poderá ser ganha no campo militar"[423]. Estes dois documentos estiveram na base do *Portugal e o Futuro*, publicado em Fevereiro de 1974. Enquanto governador da Guiné, mostrara já o documento, "noutra versão" do que foi publicado, a Costa Gomes.

À imagem do que sucedera em relação à solução política da Guerra por via negocial, Spínola foi sobretudo a expressão mediática e autorizada (hierarquicamente, enquanto chefe militar) de ideias de um conjunto de "iluminados para a

---

[419] REZOLA, Maria Inácia, *AS Forças Armadas, os Capitães e a Crise Final do Regime*, idem, p. 343.
[420] BERNARDO, Manuel, *idem*, p. 282. Manuel Monge faz esta afirmação em função do facto de existirem "duas alas" no seio do movimento: uma "abaixoassinadista" – golpe de estado – e outra a favor da intervenção armada – revolução.
[421] Idem, p. 283.
[422] SPÍNOLA, António de, *País sem Rumo: contributo para a história de uma revolução*, pp. 248-249. Com base no relato de Spínola, o trabalho terminava com os seguintes parágrafos: "Terá de se atingir esse estágio (Comunidade Luso-Afro-Brasileira) por etapas, sem paragens na vida do País e sem soluções de continuidade. Mas julgo ser este o caminho que permitirá preservar a *Unidade Nacional* perante as perspectivas da evolução política do Mundo.
De outra forma, se não formos capazes de assegurar a coesão nacional através da solidariedade entre as várias parcelas do Espaço Português pelas vantagens que cada uma delas sentirá em se manter integrada no conjunto, então todo o sistema carece de fundamento e continuaremos a caminhar para a autodeterminação por via revolucionária."
[423] Idem, pp. 28-38.

solução do problema colonial português"[424], que partilhava e soube aproveitar. O próprio autor confirma a origem de um livro que pensara escrever "há muito tempo". A versão final "foi feita no Luso". Com a ajuda de um sargento, escreveu o livro "com base em muitos apontamentos, que trouxe da Guiné. Teve várias versões. Eu [Spínola], em Bissau, fiz o seguinte: tinha o livro gizado e depois distribuí-o a algumas pessoas da minha confiança. Recolhi várias opiniões, muitas delas divergentes. E foi dessa recolha que resultou o livro *Portugal e o Futuro*, arcando com toda a responsabilidade pela sua publicação"[425]. A título de exemplo, uma das pessoas (civis) que contribuiu para a versão final da obra terá sido José Blanco, então chefe de gabinete do general no EMGFA.

O processo da aprovação superior da publicação do livro atinge o limiar do ridículo e demonstra o quanto "era complicada e frágil a teia do poder"[426]. Encontra-se documentado em diversas obras[427]. O livro não trás nada de novo. Vem dizer à massa do país que "vivia habitualmente" – porque o governo preocupava-se por ela – que a solução para a Guerra era política e não militar e que a sua proposta política era, imagine-se a surpresa, uma solução dos finais dos anos quarenta, que fora equacionada por Salazar, aperfeiçoada por Caetano em 1962 e, em 1974, era já uma relíquia histórica. Marcello diria mesmo, em 16 de Fevereiro de 1974, que "em 1962 pensava que valia a pena pôr de pé a construção federal", mas em 1974 já sabia "que não é assim". O livro acabou, mesmo assim, por ser polémico e tornar-se um *best-seller*. Não pelo conteúdo, mas sim pelo facto de um general prestigiado do Exército, comprometido com o governo, criticar abertamente a política oficial. Como anotou Inácia Rezola, "depois de Spínola o afirmar, ninguém seria acusado de cobardia."

---

[424] "A raiz disto é a reflexão daquele grupo de oficiais, onde se salientava o Carlos Fabião. Ele é um dos iluminados para a solução do problema colonial português." Entrevista a Almeida Bruno. Em BERNARDO, Manuel, *idem*, p. 264.

[425] *Idem*, p. 242.

[426] Alpoim Calvão, o militar mais condecorado da história da Marinha portuguesa, avalia da seguinte forma o livro do general: "Era uma achega importante para o único problema que tínhamos que era político. Era uma reflexão que toda a gente fazia: tendo as Forças Armadas durante 13 anos dado um espaço de manobra para, na metrópole, se pensar politicamente o problema e se tomarem iniciativas, a verdade é que ninguém as tomava. Considerei o livro do general Spínola como uma forte contribuição para explicar ao poder constituído, que havia outras soluções para além daquele imobilismo. Todos percebíamos como eram frágeis os meandros do poder [...]: era complicada e frágil a teia de poder dentro da tão apregoada ditadura...". Entrevista a Alpoim Calvão. Em http://www.uc.pt/cd25a/wikka.php?wakka=eacalvao.

[427] CAETANO, Marcello, *Depoimento*, pp. 192-194. REZOLA, Maria Inácia, *AS Forças Armadas, os Capitães e a Crise Final do Regime*, *idem*, pp. 355-356. VALENTE, Vasco Pulido, *Marcello Caetano: as desventuras da razão*, Gótica, pp. 121-125.

O movimento militar finalmente tinha a cobertura superior e legitimidade pública para derrubar o regime.

A obra constituiria igualmente o clímax da tragédia que envolveu o marcelismo. Marcello, "ao fechar o livro tinha compreendido que o golpe de Estado militar, cuja marcha pressentia há meses, era agora inevitável."[428] Spínola confessou em 1978 que "tinha verdadeiramente noção de que já era tarde", mas a sua consciência exigia "o grito de alerta"[429]. A elite económica do regime "não ficou muito impressionada" com o livro[430]. Da Guiné, o Inspector Fragoso Allas (segundo Spínola, homem "de extrema lealdade" e "confiança"), refere que a "tão discutida política de africanização" e de "diálogo com o povo" não tivera receptividade e que a "camada mais evoluída dos africanos de Bissau" sempre se apercebera de que eram "mais palavras do que actos"[431].

Ou seja, duma penada pouco brilhante declarara-se a queda do regime. O que, por sua vez, constituiu o prenúncio do fim do Portugal do "Minho até Timor" e expôs um quase surreal império de derrotas.

4.4. A hora sombria: um império de derrotas
As derrotas ou fracassos dos dois principais grupos (internos) críticos do regime, a "ala liberal" (que nunca viu uma única proposta sua aprovada na AR) e o "movimento dos oficiais das FA" (que não conseguiu a viabilização da sua solução política para a Guerra), acabaram por aproximá-los na última solução ensaiada para desentravar o regime e, consequentemente, descolonizar com algumas condições de sucesso, salvaguardando algum património (no sentido lato do termo) da presença portuguesa em África: o convite informal a Spínola para a PR.

A ideia, mais uma vez, surgiu do núcleo duro dos spinolistas (que eram então o Carlos Fabião, Carlos Azeredo, Pedro Cardoso, Manuel Monge, Robin de Andrade e Almeida Bruno) e enquadrava-se com a via negocial para alcançar a paz na Guiné. Pretendiam "tomar conta do poder", "sem instabilidade e sem que o poder se esboroasse e caísse, como infelizmente, aconteceu". Ou seja, pretendiam um golpe palaciano. Aliás, muito tipicamente militar. Depois de "ele se sentar em Belém tinha força suficiente, porque as Forças Armadas esta-

---

[428] CAETANO, Marcello, *idem*, p. 196.
[429] SPÍNOLA, António de, *País sem Rumo: contributo para a história de uma revolução*, p. 250.
[430] Entrevista a José Manuel de Mello. Em http//www.uc.pt/cd25a/wikka.php?wakka=ejmello.
[431] IAN/TT, Arquivo da PIDE, SC, Pastas Organizadas por Províncias Ultramarinas – Guiné, caixa 14, fls. 114-115. Cit. in MATEUS, Dalila Cabrita, *A evolução das guerras coloniais na perspectiva dos relatórios de informação*, p. 177.

vam com ele, [...] era um sucesso, caso conseguíssemos parar a guerra na Guiné. Este era o nosso sonho", afirmou Almeida Bruno[432].

A estratégia da "ala liberal", concretamente de Sá Carneiro, não correspondia exactamente. Passava por "afastar de vez o Américo Thomaz, que na altura era o óbvio suporte de toda a direita radical. E nesse caso, se Thomaz fosse afastado, só restaria a Marcello candidatar-se ele próprio à Presidência da República. É de resto o próprio Sá Carneiro quem explica isto a Spínola, adiantando-lhe, inclusivamente, que, a dar-se o caso – Marcello avançar para a eleição presidencial –, Spínola teria que desistir para lhe deixar o caminho livre."[433] O que significou nova derrota política e pessoal para Spínola. Sá Carneiro, sensatamente, não estava disposto a avançar contra Marcello e a ANP. Para os spinolistas foi a terceira "perda"[434].

A grande incompatibilidade, porém, estaria na ordem processual. Sá Carneiro "defendia, em primeiro lugar, a institucionalização de uma democracia, para, depois, resolver o problema do Ultramar. [...] Estava certo antes do 25 de Abril", remata Spínola. Na perspectiva dos spinolistas "havia uma inversão. O nosso problema era resolver a questão de África."[435] Entre uma perspectiva e outra, Marcello rejeita tudo: a sua candidatura à PR e o apoio a uma eventual candidatura de Spínola patrocinada pela ANP. Como refere André Gonçalves Pereira, Caetano "acreditou na estrutura jurídica que criara [enquanto teorizador do Estado Novo]; e mais, acabou por se enlear de tal modo nela que foi incapaz de a romper, chegando ao extremo de atribuir importância ao cargo de Américo Thomaz: o cargo teria, a pessoa não tinha nenhuma!"[436] No rescaldo da jogada, não houve vencedores, apenas derrotados. Especialmente o regime. André G. Pereira considera mesmo, com base na sua vivência, que "o ponto de viragem para muitos [inclusive para ele] foi inegavelmente a reeleição de Américo Thomaz." Se Marcello tem assumido a PR, "eliminaria assim o único obstáculo jurídico à sua liberdade de acção."

Os militares (neste caso, spinolistas) só estavam à "espera que o Marcello tivesse coragem para andar para a frente. Mas não teve." Almeida Bruno acres-

---

[432] BERNARDO, Manuel, *Marcello e Spínola: a ruptura: as Forças Armadas e a imprensa na queda do Estado Novo, 1973-1974*, pp. 261-262.
[433] Entrevista a Carlos Fabião. Em http://www.uc.pt/cd25a/wikka.php?wakka=ecfabiao.
[434] "Porque há três factos, que marcam muito este esquema. O principal foi a perda da hipótese de o General Spínola ter sido Presidente da República. O outro foi a morte dos Majores Osório, Passos Ramos e Pereira da Silva." BERNARDO, Manuel, *idem*, p. 264.
[435] *Idem*, p. 239.
[436] Em http://www.uc.pt/cd25a/wikka.php?wakka=eapereira.

centa ainda à sua conclusão que "a nossa Comunicação Social também sabia que a figura do General era fundamental. O nosso único azar foi o Professor Marcello Caetano. Se ele se tem *encostado* a nós e ao nosso projecto, [...] o Amílcar Cabral tinha a certeza de que, efectivamente, o projecto podia ser posto de pé. Nós tínhamos assim forma de parar a guerra na Guiné..."[437] Como isso não aconteceu, confirmar-se-ia o presságio de Cabral, quando declarou estar certo "de que a liquidação do colonialismo português arrastará a destruição do fascismo em Portugal."[438]

Mas também Amílcar Cabral, com o seu projecto de independência pro--portuguesa, seria derrotado. Pese embora, segundo palavras de Gérard Chaliand, ter sido "ele [Amílcar Cabral], mais do que os Angolanos, mais do que os Moçambicanos, que provocou a revolução de 1974 ..."[439] Afirmação que parecerá menos exagerada tomando em linha de conta o profundo impacto que o seu pensamento e acção política tiveram nos estudantes, oficiais das FA (incluindo Spínola) e mesmo políticos portugueses de "Abril".

No discurso posterior à publicação do *Portugal e o Futuro* – "Vencer a Hora Sombria" –, no qual intuiu o "golpe de estado", para além de considerar que tudo à sua volta estava "abalado" e atacar descontroladamente uma longa listagem de "privilegiados", Caetano profere a estocada final no regime. Porque é o que significam as seguintes palavras:

"O problema não é jurídico; não reside já em escolher entre dependência ou independência, entre Estado unitário ou Estado federal. É puramente político. Está posto por essa gente toda – aberta ou encobertamente – em termos racistas. E está posto no dilema – pretos ou brancos.

Mesmo os que vêm com pezinhos de lã dizer que farão acordos amistosos para deixar os brancos ficar onde estão, no fundo têm o pensamento de, mais tarde ou mais cedo, fazer a «africanização» dos bens estrangeiros e reivindicar a África para os pretos."[440]

Radicalizara-se totalmente. Continuava a acusar a "demissão da Europa perante a África", sem reconhecer a sua demissão na resolução do problema "puramente político" através de uma solução puramente política. Os textos justificativos do pós-25 de Abril são, efectivamente, pobres em explicações e ricos em justificações de um homem só e, de uma forma quase pérfida, orgulhoso da

---

[437] BERNARDO, Manuel, *idem*, p. 264.
[438] CABRAL, Amílcar, *Textos Políticos*, p. 24.
[439] PEREIRA, Aristides; *Uma luta, um partido, dois países*, Notícias Editorial, Lisboa, 2002, p. 208.
[440] CAETANO, Marcello, *Vencer a Hora Sombria*, discurso pronunciado na Conferência Anual da Acção Nacional Popular, SEIT, 16 de Fevereiro de 1974, Lisboa, p. 22.

razão confirmada pelas consequências negativas do processo descolonizador. E os que o responsabilizassem fosse pelo que fosse, não passavam de "miseráveis mentirosos e loucos"[441]. Esta crispação é, aliás, um dado chocante em Marcello. Vasco P. Valente concluiu, justificadamente, que "ninguém se crispou como ele". Foi incapaz de reconhecer qualquer responsabilidade negativa em mais de quarenta anos de participação política durante a ditadura. Os "conspiradores", simplesmente, não tinham o "direito" de lhe fazer tamanha monstruosidade! Pese embora a recusa em reconhecer a "derrota" do seu governo, não a converter, de forma alguma, em vitória.

Aquelas palavras evidenciam uma outra contradição elementar: ao recusar terminantemente o racismo ("África para os africanos"), não se percebe à partida porque não foi capaz de ouvir a voz de um português (mestiço), casado com uma portuguesa (branca), que estudou em Portugal (Coimbra), que subiu na vida a pulso (como ele próprio), que conheceu bem Portugal (Guiné e Cabo Verde) e que apenas pegou nas armas como último recurso.

Talvez a resposta esteja contida no mesmo discurso, quando afirmou que "em África não defendemos apenas os brancos: mas todos quantos, independentemente da sua cor ou da sua etnia, são leais a Portugal". Na verdade, a lealdade a que se referia era ao governo português. Marcello acreditava profundamente, mesmo em 1974, que o regime expresso na Constituição de 1933, e que, apesar das sucessivas alterações, manteve a estrutura política, era a solução mais conveniente. Continuava tão anti-democrático e corporativista como sempre e, como salientou Freitas do Amaral, manteve-se coerente com os seus princípios, com o seu passado.

Marcello não criou as "condições ideológicas para a liquidação política da questão colonial", segundo afirmou F. Rosas. Elas já estavam criadas pela observação *in loco* da realidade africana por muitos responsáveis (militares e civis), que não se limitaram a visitar as províncias em "clima de euforia" e ao abrigo de "manifestações espontâneas". Ao anular o anterior paradigma e recusar assumir verdadeiramente uma "autonomia progressiva", com o objectivo da independência, e ao reduzir-se à defesa duma idílica "multirracialidade" em que nenhum africano, depois de treze anos de guerra, era capaz de acreditar (confundindo-se facilmente com defesa exclusiva dos "brancos", que constituiria a pior resposta à negritude africana – alavanca social da guerrilha), automaticamente operou um esvaziamento político não compensado, oferecendo como solução a não solução. E, pela negatividade do pressuposto, o processo de descolonização estava já comprometido. Ainda definia como

---

[441] CAETANO, Marcello, *O 25 de Abril e o Ultramar: três entrevistas e alguns depoimentos*, pp. 26-27.

"missão a cumprir: a de garantir o prosseguimento e o aperfeiçoamento de sociedades onde se não pratiquem discriminações raciais e se faça vingar a harmonia entre os homens de qualquer cor de pele." Mas não mais era esta a missão que a "conjuntura" esperava que cumprisse.

Quando convocou Costa Gomes e Spínola para os incitar a tomar o poder, ter-lhes-á dito, segundo o primeiro, que "agitação que havia no País levava-o à conclusão de que não tinha seguido o caminho certo na resolução do problema ultramarino" e que por isso estes deviam pedir para ocupar o seu lugar. A ser verdade, contraria tudo o que ele escreveu, antes e depois do 25 de Abril, pois nunca admitiu o erro. Como se veio a verificar, "era melhor sermos nós a tomar a iniciativa de dar a independência do que sermos forçados a isso, o que constituiria uma derrota absoluta." [442]

Raul Rego considerou que Marcello "não teve força para *dessalarizar* o regime. [...] Porque se ele tivesse mentalidade revolucionária, faria ele a revolução e teria *corrido* com o Thomaz."[443] Ora, concordando-se facilmente com a segunda afirmação, a principal obra política de Marcello consistiu, precisamente, na "dessalarização" do regime, segundo vimos. O busílis da questão está na manutenção da "estrutura do regime" por um homem substancialmente diferente de Salazar e numa época, como Caetano a designou, de "transição". Ao contrário do antecessor, não foi capaz de gerir os diversos grupos ou sensibilidades que, por sua vez, tinham agora maior liberdade de acção e poder. Caetano autonomizava pela primeira vez a máquina jurídico-institucional que co-criara e baptizara de Estado Novo. Pela frente deparava-se uma conjuntura a todos os níveis adversa. Mal aprendera a andar, o regime tinha certidão de óbito. Irracionalmente, Marcello não abandonou, nem por um instante, a criatura que nunca deixou de amar.

Os militares responsáveis pelo desenvolvimento do movimento militar que derrubou o regime, na verdade já vencido há muitos meses, consideram que se o presidente do Conselho se tem aliado "às Forças Armadas contra os conservadores (a extrema-direita), teria vencido"[444]. Perdeu, mas a causa maior da derrota não foi estratégica, antes ideológico/política. No discurso em que se propôs *Vencer a Hora Sombria*, expôs a fragilidade do "gigante com pés de barro". Termina o discurso, dizendo: "é à Assembleia Nacional que compete agora dizer se o rumo que seguimos está certo. E disciplinadamente me submeterei depois ao veredicto de quem tem autoridade para o proferir."[445] Como estava errado

---

[442] BERNARDO, Manuel, *idem*, pp. 336-337.
[443] Idem, p. 259.
[444] Idem, p. 265.
[445] CAETANO, Marcello, *Vencer a Hora Sombria*, p. 34.

quanto à primeira afirmação, nunca cumpriu a segunda. "E assim – sintetiza André G. Pereira – Marcelo procurou até ao fim apoios dentro de um sistema que ele próprio criara, quando – e a evolução posterior veio a demonstrá-lo – só o sufrágio universal lhe poderia ter servido de apoio."

A maior derrota de Marcello Caetano ser-lhe-ia conferida, precisamente, nas eleições "livres" que ele nunca quis disputar.

CONCLUSÃO

Em função, sobretudo, dos dois primeiros capítulos, pode concluir-se que um "*salazarismo sem Salazar*" é uma equação frágil e de fundamento questionável. Salazar poderá ter fundado um regime (que, no fundo, não deixou de ser uma "situação"), mas este nunca foi, do ponto de vista institucional, minimamente equilibrado. A instituição maior e nevrálgica do regime foi sempre Salazar, esse "homem de génio". Orientação acentuada com o tempo. O Estado Novo (na verdade, salazarismo) foi o exercício do poder por um só homem, uma re--presentificação duma espécie de pombalismo. Salazar terá mesmo sido uma *personificação* tardia, *fora de tempo*, do *príncipe* maquiavélico, uma reminiscência contemporânea do homem de estado moderno. Por princípio, sem Salazar não poderia subsistir o salazarismo. Quer num prisma puramente teórico, quer numa perspectiva funcional. A acrescentar o facto de Marcello Caetano, "um homem como os outros", ser estruturalmente muito diferente de Salazar. Caetano não foi apenas um professor de Direito, mas um jurista escrupuloso, um homem com uma visão *legalista* da política e que trabalhou, desde o primeiro instante, para a construção de um regime e não para o exercício do poder por um só homem. Marcello pretendia instaurar um regime verdadeiramente constitucional e institucional, mantendo uma estrutura formalizada e inutilizada por Salazar – o "equívoco" –, realidade que fragilizou *a priori* o marcelismo.

Nos anos sessenta, o Estado Novo num *mundo novo* já não era realizável. Todos os regimes autoritários e "nacionais", baseados numa "mística imperial", quer subsistam algumas décadas ou "mil anos", dificilmente admitem e reconhecem uma mudança ou assimilam uma "reforma": simplesmente, ou perpetuam-se estaticamente no tempo ou morrem. Caetano tentou "renovar" o regime que ele, talvez mais do que o próprio Salazar, teorizara, convicto de que as suas instituições eram ainda a "solução mais conveniente" e era possível edificar, plenamente e sem Salazar, o Estado Novo prometido na Constituição de 1933. Mas aqui residiu o "equívoco" estrutural do marcelismo: a manutenção da estrutura da constituição, como das próprias instituições, anulava (como, efectivamente, anulou) a *novidade*.

Marcello Caetano reconheceu viver numa "época de transição", mas apenas afirmou que "tinha de ser cauteloso para ir conduzindo as coisas com jeito". Nomeadamente no que diz respeito à questão ultramarina, em relação à qual procurou, até determinada altura, operar uma "transição" política. Não se entrevê, no entanto, fundamento sustentável para a ideia de que Marcello *pretendeu* conduzir um processo de "transição" do regime "anti-parlamentar" e "anti-democrático" para algo substancialmente diferente. No discurso político marcelista, tal *pretensão* é, simplesmente, inexistente. Pelo que, semelhante *tese* revela uma lacuna fundamental, dificilmente compensável por uma relação de causalidade elementar dos acontecimentos históricos. Ademais porque estes corroboram o contrário. Um processo revolucionário indicia a ausência (ou a hipótese, aqui contraditória, da eventual falência) de um projecto de "transição política".

Precisamente este ponto está na base da *tese* sintetizada na expressão "transição falhada". Isto, esclarecendo que não se questiona aqui propriamente o conjunto de trabalhos que compõem a obra com o mesmo título, principalmente quando tidos individualmente. No entanto, considera-se que a questão de saber se a "tímida abertura iniciada pelos marcelistas, em 1968, tinha condições políticas e sociais para vir a ser mais do que isso", nem pode ser independente "do que pretendiam os seus promotores oficiais", nem pode reduzir-se, na perspectiva que se assumiu e concretizou neste trabalho, à questão, decorrente daquela primeira, de saber "se tinha, porque é que não teve"[446] ou aproveitou aquelas condições. Na nossa perspectiva, a questão está em saber se os marcelistas ou o marcelismo queriam, efectivamente, "ser mais do que isso". Tudo indica que o marcelismo não *pretendeu* ser mais do que uma "moderada" "abertura", "renovação", "evolução" e/ou "democratização" em prol da "continuidade" dum Estado Novo que carece de adaptação ao "pensar geral". Pelo que se coloca a questão: poderá o marcelismo ter *falhado* algo que não *pretendeu* fazer?

O conflito entre as duas sensibilidades polarizadoras dos grupos políticos do regime, os "ultras" e os "liberais" (e "tecnocratas"), que contribuiu decisivamente para a "paralisia" ou "baque" marcelista, escondia, na verdade, um conflito interior do próprio Marcello (entre o conservador e o liberalizador; entre o doutrinador político da *Ordem Nova* e o "belo espírito, com ideias liberais, que segue sempre o que julga ser a última corrente dominante"), cujo paradoxo constituiria um poderoso agente inibidor da acção. Não esquecendo

---

[446] ROSAS, Fernando e OLIVEIRA, Pedro Aires, *A Transição Falhada*, p. 13.

que Marcello nunca contou, verdadeiramente, com o apoio incondicional de nenhum desses grupos. Os primeiros variaram entre a hostilidade aberta e o boicote silencioso. Os segundos tentaram aproveitar a "descompressão" conjuntural para criar condições políticas para a instauração em Portugal dum regime democrático de tipo europeu/ocidental (o caso dos "liberais") e as condições económicas e infra-estruturais para um acelerado progresso económico-social (o caso dos chamados "tecnocratas"). O apoio de uns e de outros foi sempre (muito) condicionado.

O projecto político de Marcello, ao contrário do salazarismo em 1928, não era verdadeiramente inovador. O corporativismo, apesar das inovações semânticas, era, em 1968, quase um anacronismo. Perdera acuidade política. Compreendendo-se facilmente o deficit de adesão. A segurança da fórmula para a qual tanto trabalhara não só inibia a inovação, como acentuava a "continuidade". O que, conjugado com a cristalização de determinados princípios marcelistas herdados do salazarismo, como o anti-comunismo visceral, comprometeu a "renovação". Aliás, Marcello era tão radicalmente anti-revolucionário que se convenceu que uma possível abertura "democrática" representaria, inevitavelmente, uma porta aberta para o comunismo revolucionário, quando, na realidade, foi precisamente a imutabilidade estrutural do regime (anti-democrático) que, sobretudo, motivaria a revolução.

O cansaço (a todos os níveis) provocado pelo adiamento duma solução para a Guerra foi um dos aspectos mais determinantes do marcelismo. As FA, que "existem para combater", atingiram um ponto de ruptura: deveriam continuar a emular-se à espera duma solução política que, tudo indicava, não iria surgir? Efectivamente, Marcello Caetano pagou a dívida contraída por Salazar. As FA não admitiam uma repetição de Goa e não se limitaram a combater e a morrer. Assumiram a responsabilidade política e, na Guiné governada pelo inconformista general Spínola, ensaiaram uma solução política. A rejeição dessa solução (negocial) por Marcello não anulou o capital político trabalhado pelos spinolistas. Este foi redireccionado, precisamente, contra o regime e contra Marcello. Que, por sua vez, foi vítima, dramaticamente, da mesma fatalidade que afectou Salazar: nenhum quis ser o responsável pelo *fim* do império. Facto justificado, basicamente, por ambos terem pertencido a "uma geração para a qual o Ultramar surgiu como a grande missão de Portugal no Mundo".

Esta fatalidade manifesta-se na falta de iniciativa de Marcello, ao não se antecipar aos problemas. Pelo contrário. Por exemplo, rejeitou a negociação com o PAIGC de Amílcar Cabral em 1972, quando ainda era viável, mas tentou depois, em 1974, negociar ele próprio com o PAIGC. Já sem Amílcar Cabral, em relação a quem Marcello revela subtis indícios de ciúme e preconceito (paradoxal, tendo em conta a "multirracialidade" defendida oficialmente). Ao português Amílcar Cabral, um "homem excepcional" e um "líder" em toda a amplitude da palavra, fora-lhe vedada a possibilidade de participar na resolução pacífica da questão ultramarina, embora o governo de Lisboa nunca admitisse que dessa forma o "condenou" a pegar nas armas.

Os militares (spinolistas) não aceitaram nem compreenderam porque Marcello não os apoiou nas tentativas de solucionar a questão ultramarina, condicionando negativamente o processo de descolonização que se seguiria ao "25 de Abril". Lamentaram que Marcello não "tivesse sido aquele homem de *centelha*, o Marquês de Pombal da época"[447]. Ou seja, pode dizer-se que o fantasma do "homem de génio" continuou a condicionar a realidade política e por certo muito contribuiu para o "drama" e o designado "síndrome de Hamlet"[448] que, inegavelmente, caracterizaram o marcelismo.

Curiosamente, também Spínola seria acusado pelos spinolistas da mesma falta de correspondência à exigência das circunstâncias, embora já depois do "25 de Abril". Fabião ficou "muito aborrecido por o general não ter controlado as coisas! Tinha capacidade, era um homem habituado a mandar, a ser obedecido."[449] Porém, tanto Marcello como Spínola, pese embora o facto de terem perdido o controlo dos processos políticos que desencadearam, foram determinantes para o *fim* do regime e do império. Caetano contribuiu para o *fim* do salazarismo. Spínola foi o responsável mais visível pelo *fim* da Guerra e, por inerência, do império. Em conjunto, pode dizer-se, suportaram a *"missão do fim"*.

---

[447] BERNARDO, Manuel, *Marcello e Spínola: a ruptura: as Forças Armadas e a imprensa na queda do Estado Novo, 1973-1974*, p. 265.
[448] DACOSTA, Fernando, *As Primaveras de Marcello Caetano*, p. 43.
[449] Entrevista a Carlos Fabião. In http://www.uc.pt/cd25a/wikka.php?wakka=ecfabiao.

BIBLIOGRAFIA E DOCUMENTAÇÃO IMPRESSA*

ALMEIDA, João de, *Nacionalismo e Estado Novo*, Conferência realizada no Teatro de São Carlos em 26 de Maio de 1932, Separata do nº 84 do "Boletim Geral das Colónias", Lisboa, 1932.

ALMEIDA, Dinis de, *Origens e Evolução do Movimento dos Capitães (Subsídeo para Uma Melhor Compreensão)*, Lisboa, Edições Sociais, 1977.

AMARAL, Diogo Freitas do, *O Antigo Regime e a Revolução*, Lisboa, Círculo de Leitores, 1995.

ANDRADE, Mário de, *Origens do nacionalismo africano*, Publicações Dom Quixote, Lisboa, 1998.

ANTUNES, José Freire, *A guerra de África. 1961-1974.* Vol. I, Lisboa, Círculo de Leitores, 1995.

– *Jorge Jardim. Agente Secreto*, Lisboa, Bertrand, 1996.

– *Nixon e Caetano. Promessas e Abandonos (1969-1974)*, Lisboa, Difusão Cultural, 1992.

– *Portugal na Guerra do Petróleo. Os Açores e as Vitórias de Israel 1973*, Lisboa, Edeline, 2000.

– *Salazar Caetano: cartas secretas 1932-1968*, Círculo de Leitores, Lisboa, 1993.

– *Cartas Particulares a Marcello Caetano*, 2 volumes, Publicações D. Quixote, Colecção Participar, Lisboa, 1985.

AVILLEZ, Maria João, *Entre Palavras 1974/1984*, ed. Difel, Lisboa, 1984.

BARBOSA, Márcio, *Spínola, Portugal e o Mundo: pensamento e acção política nos anos da Guiné – 1968-73*, em Revista de História das Ideias, Vol. 28, FLUC, 2007, pp. 391-427.

– *Portugal e a fronteira ibérica entre a revolução e a integração (1974-86) (Um Olhar sobre o Conceito Estratégico Nacional (CEN) através do Negativo da Adesão)*, em Territórios e Culturas Ibéricas II (Colecção Iberografias - 10), Campo das Letras Editores, Porto, 2007.

– *Câmara Municipal de Celorico da Beira: infraestruturas e desenvolvimento – 1950/74*, C. M. Celorico da Beira, 2008.

---

* Optou-se por não se apresentar em separado a bibliografia utilizada ou citada no trabalho e a bibliografia consultada porque, em primeiro lugar, a sua apresentação conjunta facilita a consulta e porque, objectivamente, a bibliografia não citada no trabalho não é necessariamente menos utilizada e menos influente. Já a separação entre as Fontes Impressas, apresentadas em conjunto com a Bibliografia, e as Fontes Documentais (Centro de Documentação 25 de Abril), justifica-se quer pela sua própria natureza quer pela sua acessibilidade.

BERNARDO, Manuel, *Marcello e Spínola: a ruptura: as Forças Armadas e a imprensa na queda do Estado Novo, 1973-1974*, Editorial Estampa, Lisboa, 1996.

BRAGANÇA, Aquino de, *Amílcar Cabral / Aquino de Bragança*, Lisboa, Iniciativas Editoriais, 1976.

BRITO, J. M. Brandão de (coord.), *Do marcelismo ao fim do império*, Editorial Notícias, Lisboa, 1999.

Cabral no Cruzamento de Épocas, comunicações e discursos produzidos no II Simpósio Internacional Amílcar Cabral, Alfa Comunicações, Cabo Verde, 2005.

CABRAL, Luís, *Crónica da libertação*, Lisboa, O Jornal, 1984.

CAETANO, Marcello, *Uma Série de Conferências*, Lisboa, 1937.

– *Problemas da Revolução Corporativa*, Lisboa, Acção Editorial Império, 1941.
– *Problemas Políticos e Sociais da Actualidade Portuguesa*, discurso, sem edição, Lisboa, 1956.
– *Páginas Inoportunas*, Bertrand, Lisboa, 1960.
– *Ensaios Pouco Políticos*, Lisboa, Verbo, s.d.
– *Portugal e a internacionalização dos problemas africanos: da liberdade dos mares às Nações Unidas*, Lisboa, Edições Ática, 1962.
– *A missão dos dirigentes: reflexões e directivas sobre a Mocidade Portuguesa*, 4ª edição, Lisboa, Mocidade Portuguesa, 1966.
– *Juventude de Hoje Juventude de Sempre*, separata da revista Rumo, nº 126, Lisboa, 1967.
– *Manual da Ciência Política e Direito Constitucional*, 5ª Edição, Lisboa, 1967.
– *Saibamos ser Dignos desta Hora*, discurso pronunciado por Sua Excelência o Presidente do Conselho, Prof. Doutor Marcello Caetano, no Palácio de S. Bento, a 27 de Setembro de 1968, SEIT.
– *Pela Recta Intenção de Bem Servir o Povo Português*, discurso pronunciado por Sua Excelência o Presidente do Conselho, Prof. Doutor Marcello Caetano, na Assembleia Nacional a 27 de Novembro de 1968, SEIT.
– *Princípios e Definições*, textos de 1936 a 1967, compilados por António Maria Zorro, Edições Panorama, Lisboa, 1969.
– *Louvada seja a Terra, Louvada seja a Água*, discurso proferido na inauguração da obra da rega dos campos do Mira, em 11 de Maio de 1969, SEIT.
– *Ninguém Pode Escusar-se a Cumprir Deveres para com a Pátria*, discursos proferidos, em Maio de 1969, na cidade do Porto, SEIT.
– *Portugal não Pode Ceder*, discurso pronunciado no Palácio das Necessidades, em 6 de Outubro de 1969, SEIT.
– *Temos Agora de Votar*, alocução em 24 de Outubro de 1969, através da rádio e da televisão, SEIT.
– *Princípios e Definições*, Textos de 1936 a 1967, compilados por António Maria Zorro, Lisboa, 1969.
– *Pelo Futuro de Portugal*, Editorial Verbo, Lisboa, 1969.
– *2º Ano de Acção do Governo de Marcello Caetano*, 1970, SEIT.
– *A Hora é de Acção*, discurso pronunciado no Palácio de S. Bento, ao aceitar a eleição para Presidente da Comissão Central da Acção Nacional Popular, em 21 de Fevereiro de 1970, SEIT.
– *A Visita de Marcello Caetano a Espanha*, discursos do Presidente do Conselho Português, de entidades espanholas e comunicado conjunto da visita, 20 a 23 de Maio de 1970, SEIT.
– *Garantir a Paz em África*, discurso pronunciado no jantar oferecido ao primeiro ministro da República da África do Sul, em 5 de Junho de 1970, SEIT.
– *Honrar o Município de Lisboa*, palavras proferidas na Câmara Municipal de Lisboa, em 13 de Junho de 1970, SEIT.
– *Só o Trabalho Enriquece as Nações*, discurso pronunciado no Palácio de S. Bento ao

receber os agradecimentos dos armadores e pescadores, em 17 de Junho de 1970, SEIT.
- *Um Homem*, palavras proferidas através da rádio e televisão, em 27 de Junho de 1970, SEIT.
- *Um Ardil Desmascarado*, comunicação feita ao país através da rádio e televisão, em 7 de Julho de 1970, SEIT.
- *Caminho de Santiago, Caminhos de Portugal e de Espanha*, palavras proferidas em Santiago de Compostela, em 19 de Setembro de 1970, SEIT.
- *Portugal é de Nós Todos, Nós Todos Somos Portugal*, discurso proferido perante as Comissões Distritais da Acção Nacional Popular, no Palácio Foz, em 27 de Setembro de 1970, SEIT.
- *Revisão Constitucional*, discurso proferido perante a Assembleia Nacional, em 2 de Dezembro de 1970, SEIT.
- *Estado Social*, excertos de discursos proferidos pelo Presidente do Conselho de Ministros, Prof. Doutor Marcello Caetano, 1970, SEIT.
- *Coordenadas da Política Externa Portuguesa*, excertos de discursos proferidos pelo Presidente do Conselho de Ministros, Prof. Doutor Marcello Caetano, 1970, SEIT.
- *Terceiro Ano do Governo de Marcello Caetano*, 1971, SEIT.
- *Não se Governa pelos Rótulos*, discurso pronunciado pelo Presidente do Conselho na reunião promovida pela Comissão Central da Acção Nacional popular. 2 de Abril de 1971. Porto. SEIT.
- *O Governo quer a Reforma Administrativa*, discurso pronunciado pelo Presidente do Conselho na 1ª reunião do Conselho Coordenador da Função Pública. 13 de Abril de 1971. Lisboa. SEIT.
- *Caminho de Unidade, de Dignidade e de Progresso*, discurso proferido na sessão comemorativa do 28 de Maio. Braga. 29 de Maio de 1971. SEIT.
- *Não estamos em Tempos Fáceis...*, discurso proferido perante os dirigentes da Acção Nacional Popular, no Palácio de S. Bento, em 27 de Setembro de 1971, SEIT.
- *A Torre e Espada Ordem Militar*, discurso proferido na cerimónia de cumprimentos que lhe apresentaram as Forças Armadas pelo seu agraciamento com a Grã-Cruz da Ordem da Torre e Espada. Palácio de S. Bento. 4 de Outubro de 1971. SEIT.
- *Razões da Presença de Portugal no Ultramar*, excertos de discursos proferidos pelo Presidente do Conselho de Ministros Prof. Doutor Marcello Caetano. Lisboa. 1971. SEIT.
- *Renovação na Continuidade*, Lisboa, Verbo, 1971.
- *Governo de Marcello Caetano: quarto ano de actividade*, 1972, SEIT.
- *Pela Segurança, Bem-estar e Progresso do povo Português*, discurso proferido na conferência anual da ANP, no Palácio dos Congressos no Estoril, em 28 de Fevereiro de 1972. SEIT.
- *A Lição do Brasil*, discurso proferido pelo Presidente do Conselho de Ministros, na rádio e televisão, em 10 de Abril de 1972. Lisboa. SEIT.
- *Política é Trabalho*, discurso proferido pelo Presidente do Conselho de Ministros na reunião das Comissões Locais da ANP. Santarém, 21 de Maio de 1972. SEIT.
- *Contra a Revolução Fomentadora de Anarquia e Criadora de Miséria*, discurso proferido pelo Presidente do Conselho de Ministros, na sessão de encerramento do Plenário da Comissão Distrital de Setúbal da ANP, em Almada, em 18 de Junho de 1972. SEIT.
- *Aos Rurais e aos Pescadores*, discurso pronunciado no Palácio de S. Bento ao receber os agradecimentos dos trabalhadores rurais e dos pescadores, em 27 de Setembro de 1972. SEIT.

- *Ao Cabo de Quatro Anos: Problemas e Soluções*, discurso proferido perante as comissões da ANP, no Palácio de S. bento, em 27 de Setembro de 1972. SEIT.
- *Quinto Ano do Governo de Marcello Caetano*, 1973, SEIT.
- *Prosseguir na Dignificação e Promoção dos Trabalhadores*, palavras proferidas na audiência aos delegados do I.N.T.P., em 31 de Janeiro de 1973. SEIT.
- *O Apelo do Interesse Geral*, discurso proferido em Aveiro, 24 de Junho de 1973. SEIT.
- *O Sexto Centenário da Aliança*, discursos proferidos durante a visita a Londres e na manifestação nacional em frente do Palácio de S. Bento, 16 a 19 de Julho de 1973. SEIT.
- *O Dever de Votar*, alocução a 26 de Outubro de 1973, através da rádio e da televisão. SEIT.
- *Vencer a Hora Sombria*, discurso pronunciado na conferência anual da ANP. Lisboa, 16 de Fevereiro de 1974. SEIT.
- *Reflexão sobre o Ultramar*, discurso na Assembleia Nacional, em 5 de Março de 1974. SEIT.
- *As Forças Armadas têm a Política da Nação*, palavras dirigidas aos Oficiais-generais, no Palácio de S. Bento, em 14 de Março de 1974. SEIT.
- *Reforma dos Ministérios que se ocupam da Economia*, discurso na cerimónia de posse de novos membros do Governo no Palácio de S. bento, em 15 de Março de 1974. SEIT.
- *Depoimento*, Record, Rio de Janeiro, 1974.
- *O 25 de Abril e o Ultramar: três entrevistas e alguns documentos*, Verbo, Lisboa, 1976.
- *Minhas Memórias de Salazar*, Verbo, Lisboa, 1977.

CARVALHO, Otelo Saraiva de, *Alvorada em Abril*, Bertrand, Lisboa, 1977.

CASTILHO, José Manuel Tavares, *A ideia de Europa no Marcelismo: 1968-1974*, Edições Afrontamento, Lisboa, 2000.

COELHO, Eduardo Prado, *Hipóteses de Abril*, Diabril, Lisboa, 1975.

Colonialismo e Lutas de Libertação: 7 cadernos sobre a guerra colonial, Afrontamento, Porto, 1974.

CORREIA, Pedro Pezarat, *Questionar Abril*, Editorial Caminho, Lisboa, 1994.

CORSI, Francisco Luís, *Estado Novo: política externa e projecto nacional*, São Paulo, Editora UNESP: FAPESP, 2000.

CRUZ, Manuel Braga, *O Estado Novo e a Igreja Católica*, Lisboa, Bizâncio, 1998.

CUNHA, Joaquim Moreira da Silva, *O ultramar, a Nação e o "25 de Abril"*, Atlântida Editora, Coimbra, 1977.

CUNHA, Luís, *A Nação nas malhas da sua identidade: o Estado Novo e a construção da identidade nacional*, Edições Afrontamento: Centro de Ciências Históricas e Sociais da Universidade do Minho, Braga, 2001.

DÂMASO, Eduardo, *A invasão Spinolista*, Lisboa, Fenda, 1999.

DAVIDSON, Basil, *A libertação da Guiné: aspectos de uma revolução africana*, prefácio de Amílcar Cabral, Lisboa, Livraria Sá da Costa Editora, 1975.

DUARTE, António, *Amílcar Cabral visto pela viúva: retrato do fundador do PAIGC*, Lisboa, Nº61, Nov. (1983), pp. 13-22.

Estudos de Homenagem ao Professor Adriano Moreira, ISCSP – UTL, Lisboa, 1995.

FERREIRA, José Medeiros, *O Comportamento Político dos Militares. Forças Armadas e Regimes políticos em Portugal no Século XX*, Lisboa, Estampa, 1992.
- *Portugal em Transe*, em MATTOSO, José (coord.), *História de Portugal*, VIII Vol., Círculo de Leitores e Edições Estampa, 1994.

FERREIRA, Serafim, *MFA: motor da revolução portuguesa*, Diabril, Lisboa, 1975.

FERRO, António, *Salazar. O homem e a sua obra*, Lisboa, Emprêsa Nacional de Publicidade, 3ª Edição, s. d.

GOMES, Francisco da Costa, *Discursos políticos*, Ministério da Comunicação Social, Direcção-Geral da Divulgação, Lisboa, 1976.

GOMÉZ, Hipólito de la Torre, *Portugal e a Espanha nos Sistemas Internacionais Contemporâneos*, Lisboa, Cosmos, 2000.

GUERRA, João Paulo, *Memória das Guerras Coloniais*, Porto, Afrontamento, 1994.

– *Descolonização portuguesa: o regresso das caravelas*, Publicações Dom Quixote, Lisboa, 1996.

HARDT, Michael, e NEGRI, António, *Império*, Editora Record, Brasil, 4ª edição, 2002.

HERMET, Guy, *História das nações e do nacionalismo na Europa*, Editorial Estampa, Lisboa, 1996.

HOBSBAWM, Eric J., *A questão do nacionalismo: nações e nacionalismo desde 1780: programa, mito e realidade*, Terramar, Lisboa, 2004.

LLOYD-JONES, Stewart, *Portugal's History Since 1974*, in CPHRC Working Papers, Series 2, Number 1, 2001.

LOURENÇO, Eduardo, *Os militares e o poder*, Arcádia, Lisboa, 1975.

LUCENA, Manuel de, *Portugal correcto e aumentado: a descolonização, a questão do regime, Portugal no mundo*, Iniciativas Editoriais, Lisboa, 1975.

– *O Salazarismo: a Evolução do Sistema Corporativo Português*, 2 volumes, Lisboa, Perspectivas & Realidades, 1976.

– *O Regime Salazarista e a sua Evolução*, Conferências de Matosinhos, Contemporânea Editora, Matosinhos, 1995.

MACQUEEN, Norrie, *A descolonização da África portuguesa: a revolução metropolitana e a dissolução do império*, Editorial Inquérito, Mem Martins, 1998.

– *Portugal's First Domino: "Pluricontinentalism" and Colonial War in Guiné-Bissau*, Contemporary European History, 8, 2, 1999.

– *"A Friend in Need"? Britain, the Caetano Regime and Guinea-Bissau*, in Journal of Cold War Studies, Vol. 8 nº 4, 2006, pp. 29-56.

MAGALHÃES, José Calvet de e CERVO, Amadeu Luís, *Depois das Caravelas. As Relações entre Portugal e o Brasil 1808-2000*, Lisboa, Instituto Camões, 2000.

MARQUES, Silvino Silvério, *Salazar, o Ultramar e o 25 de Abril*, Nova Arrancada, Lisboa, 2001.

MARTINS, Fernando, *A Política Externa do Estado Novo, o Ultramar e a ONU: uma doutrina histórico-jurídica (1955-68)*, em Penélope, nº 18, 1998, 189-206.

– *Diplomacia & Guerra. Política Externa e Política de Defesa em Portugal do Final da Monarquia ao Marcelismo*, Lisboa, Edições Colibri/CIDEHUS, 2001.

MARTINS, Rui Cunha, *O Método da Fronteira: radiografia histórica de um dispositivo contemporâneo (matizes ibéricas e americanas)*, Almedina, Coimbra, 2008.

MELO, João de, *Os anos da guerra 1961-1975: os portugueses em África*, 2 volumes, D. Quixote, Lisboa, 1998.

MOTA, Teixeira da, *Guiné portuguesa*, Agência Geral do Ultramar, Lisboa, 1954.

MOREIRA, Adriano, *A Europa em Formação (A Crise do Atlântico)*, 4ª edição, ISCSP, Lisboa, 2004.

– *Ciência Política*, Amadora, Bertrand, 1979.

– *"As Campanhas de África e a Estratégia Nacional"*, em *Estudos sobre as campanhas de África: 1961-74*, Lisboa, Edições Atena: Instituto de Altos Estudos Militares, 2000.

– *Colonialismo, Anticolonialismo e Identidades Nacionais*, em Estudos do Século XX, nº3, Quarteto Editora, Coimbra, 2003, pp. 254-269.

– *O Novíssimo Príncipe: análise da revolução*, Prefácio, Lisboa, 2003.

– *Notas do Tempo Perdido*, Instituto Superior de Ciências Sociais e Políticas, Lisboa, 2005.

NOGUEIRA, Franco, *As Crises e os Homens*, Editora Ática, Lisboa, 1971.
- *Salazar: a mocidade e os princípios (1889-1928)*, volume I, 2ª edição, Civilização Editora, Porto, 1985.
- *Salazar: os tempos áureos (1928-1936)*, volume II, 1ª edição, Atlântida Editora, Coimbra, 1977.
- *Salazar: as grandes crises (1936-1945)*, volume III, 3ª edição, Civilização Editora, Porto, 1986.
- *Salazar: o ataque (1945-1958)*, volume IV, 3ª edição, Civilização Editora, Porto, 1986.
- *Salazar: a resistência (1958-1964)*, volume V, 1ª edição, Civilização Editora, Porto, 1984.
- *Salazar: o último combate (1964-1970)*, volume VI, 1ª edição, Civilização Editora, Porto, 1985.
- *Diálogos Interditos: a política externa portuguesa e a guerra e África*, 2 volumes, Intervenção, Braga-Lisboa, 1979.
- *Juízo Final*, Livraria Civilização Editora, Porto, 1992.
- "16 Setas", *Política* (Lisboa), ano II, nº 28 (1-3-1971).
- "9 Setas", *Política* (Lisboa), ano II, nº 30 (1-4-1971).
- *Diário das Sessões* (da Assembleia Nacional), ano de 1970, nº 30 (8-4-1970).
- *Como é que a perda do Ultramar é compensada pelas boas graças da ONU?* Secretaria de Estado da Informação e Turismo, Lisboa, 1969.

OLIVEIRA, César, *Portugal, dos quatro cantos do mundo à Europa: a descolonização: 1974-1976: ensaio e documentos*, Edições Cosmos, Lisboa, 1996.
- *Salazar e o seu Tempo*, O Jornal, Lisboa, 1991.

OLIVEIRA, Pedro Aires, *Uma Mão Cheia de Nada? A Política Externa do Marcelismo*, em Penélope, nº 26, 2002, pp. 93-122.

Para um Dossier da Oposição Democrática, Nova Realidade, Tomar, 1969.

PARLAMENTO EUROPEU, *50 anos de Europa: os grandes textos da construção europeia*, Parlamento Europeu, Portugal, 2ª edição, 2005.

PAULO, Heloísa de Jesus, *Salazar: a elaboração de uma imagem*, em Revista História das Ideias, volume 18, FLUC, Coimbra, 1996, pp. 245-275.

PEREIRA, Aristides, *Uma luta, um partido, dois países*, Notícias Editorial, Lisboa, 2002.

PÉREZ-BUSTAMANTE, Rogelio, *História da União Europeia*, Coimbra Editora, Coimbra, 2004.

PINTO, António Costa, *O fim do império português: a cena internacional, a guerra colonial e a descolonização, 1961-1975*, Livros Horizonte, Lisboa, 2001.

PINTO, Jaime Nogueira, *O fim do Estado Novo e as origens do 25 de Abril*, 3ª edição, Algés, Difel, 1999.

PINTO, José Filipe, *Do Império Colonial à Comunidade dos Países de Língua Portuguesa: Continuidades e Descontinuidades*, Colecção Biblioteca Diplomática do MNE, Lisboa, 2005.

Política Externa Portuguesa, Selecção de textos das declarações do Ministro dos Negócios Dr. Franco Nogueira, Separata do Boletim de Informação, MNE, Lisboa, 1965.

PORTUGAL, Presidente do Concelho, *Não discutimos a Pátria*, antologia de textos do Prof. Oliveira Salazar, organização e prefácio por Eduardo Freitas da Costa, Nova Arrancada, Lisboa, 2002.

Portugal e a União Política e Económica na Europa, Instituto Universidade e Sociedade, Coimbra, 1994.

PROVISÓRIO, Governo, *Homens e programa*, Ministério da Comunicação Social, Lisboa, 1974.

QUATORZE, Filipa Alexandra Ribeiro, *A "ala liberal" e o marcelismo*, Trabalho de Seminário, Coimbra, 2001.

RATO, Vasco, *Marcelismo*, em BARRETO, António e MÓNICA, Filomena (coord.),

Dicionário de História de Portugal, Suplemento F/O, Vol. VIII, Porto Figueirinhas, 1999.
REBELO, José, *Formas de legitimação do poder no Salazarismo*, Livros e Leituras, 1998.
RIBEIRO, Maria Manuela Tavares, *A ideia de Europa: uma perspectiva histórica*, Quarteto, Coimbra, 2003.
RIBEIRO, Sérgio, *O Mercado Comum: a integração e Portugal*, Editorial Estampa, Colecção Polémica, Lisboa, 1973.
– *Sobre o Plano e o Planeamento em Portugal*, Prelo, Lisboa, 1973.
– *A questão da unidade no pensamento de Amílcar Cabral*, Lisboa, Tricontinental, 1983.
RODRIGUES, Avelino, BORGA, Cesário e CARDOSO, Mário, *O Movimento dos Capitães e o 25 de Abril – 229 dias para Derrubar o Fascismo*, Lisboa, Moraes Editores, 1974.
ROSAS, Fernando, *Estado Novo*, em MATTOSO, José (coord.), *História de Portugal*, VII Vol., Lisboa, 1993-1994.
ROSAS, Fernando, BRITO, J. M. Brandão, ROLLO, Maria Fernanda, *Dicionário de história do Estado Novo*, Bertrand Editora, Venda Nova, 1996.
ROSAS, Fernando, *Estado Novo, império e ideologia imperial*, Revista de História das Ideias, pp. 19-32, Coimbra, 1995.
ROSAS, Fernando (coord.), *Portugal e a Transição para a Democracia (1974-1976)*, I Curso Livre de História Contemporânea da Universidade Nova de Lisboa, Edições Colibri, Fundação Mário Soares, Inst. De História Contemporânea da Univ. Nova de Lisboa, 1998.
ROSAS, Fernando, *Portugal século XX: 1890-1976: pensamento e acção política: ensaio histórico*, Notícias, Lisboa, 2004.
ROSAS, Fernando, e OLIVEIRA, Pedro Aires, *A transição falhada: o Marcelismo e o fim do Estado Novo (1968-1974)*, Notícias, Lisboa, 2004.
ROSAS, Fernando, e ROLLO, Maria Fernando, *Portugal na Viragem do Século: os portugueses e os desafios do Milénio*, Pavilhão de Portugal – Expo 98, Assírio & Alvim, 1998.

SALAZAR, António de Oliveira, *A minha resposta*, Coimbra, Tipografia Franca Amado, 1919.
– *Discursos, 1º volume 1928-1934*, Coimbra Editora, Coimbra, quinta edição, revista, 1961.
– *Discursos e notas políticas, 2º volume 1935-1937*, Coimbra Editora, Coimbra, segunda edição, 1946.
– *Discursos e notas políticas, 3º volume 1938-1943*, Coimbra Editora, Coimbra, segunda edição, 1959.
– *Discursos e notas políticas, 4º volume 1943-1950*, Coimbra Editora, Coimbra, primeira edição, 1951.
– *Discursos e notas políticas, 5º volume 1951-1958*, Coimbra Editora, Coimbra, primeira edição, 1959.
– *Discursos e notas políticas, 6º volume 1959-1966*, Coimbra Editora, Coimbra, primeira edição, 1967.
Salazar sem Máscaras, 2ª edição, Nova Arrancada, Lisboa, 1998.
SÁNCHEZ CERVELLÓ, Josep, *A revolução portuguesa e a sua influência na transição espanhola: 1961-976*, Assírio & Alvim, Lisboa, 1993.
SARAIVA, José António, *Do Estado Novo à Segunda República: crónica política de um tempo português*, Livraria Bertrand, Amadora, 1974.
– *O 25 de Abril visto da história: do 25 de Abril às Presidenciais falando do século XIX, da República, de Salazar*, Livraria Bertrand, Amadora, 1977.
SCHULZE, Hagen, *Estado e Nação na História da Europa*, Lisboa, Presença, 1997.
SERRÃO, Joel (dir.), *Dicionário de História de Portugal*, VI volumes + III suplementos, Livraria Figueirinhas, Porto, 1975-2000.
SILVA, A. E. Duarte, *Salazar e o Salazarismo*, Publicações Dom Quixote, Lisboa, 1989.
– *O litígio entre Portugal e a ONU (1960-1974)*, Análise Social, vol. XXX, 130, 1995.

SILVA, Joaquim Ramos, *Portugal/Brasil: uma década de expansão das relações económicas, 1992-2002*, Terramar, Lisboa, 2002.

SMITH, Anthony D., *Nações e nacionalismo numa era global*, Celta Editora, Oeiras, 1999.

SMITH, Anthony D., *A identidade nacional*, Gradiva, Lisboa, 1997.

SOARES, Alberto Ribeiro, *Três chefes militares em África: Spínola, Costa Gomes, Kaúlza*, in: *A guerra do ultramar: realidade e ficção: livro de actas do II Congresso Internacional sobre a guerra colonial*, organização de Rui de Azevedo Teixeira, Lisboa, 2002, pág. 11-20.

SOARES, Mário, *Destruir o sistema construir uma nova vida: relatório do Secretário-geral do PS lido, discutido e aprovado no Congresso de Maio de 1973*, 1973, 80p, (Textos Portugal Socialista), Espólio Comunidade Portuguesa em Inglaterra (CPI).

SOARES, Mário, *Escritos Políticos*, Lisboa, Editorial Inquérito, 1969.

SPÍNOLA, António de, *Por uma Guiné Melhor*, Agência-Geral do Ultramar, Lisboa, 1970.

– *Linha de Acção*, Agência-Geral do Ultramar, Lisboa, 1971.

– *No Caminho do Futuro*, Agência-Geral do Ultramar, Lisboa, 1972.

– *Por uma Portugalidade Renovada*, Agência-Geral do Ultramar, Lisboa, 1973.

– *Portugal e o Futuro*, Prefácio, Lisboa, 2003. (1ª edição: Ática/Livraria Bertrand, Lisboa, 1974)

– *Autodeterminação e Democracia (discurso proferido pelo Presidente da República no acto de posse dos governadores de Angola e de Moçambique, em Lisboa, no dia 11 de Junho de 1974)*, Agência-Geral do Ultramar, Lisboa, 1974.

– *Forças Armadas e Política (discurso pronunciado pelo Presidente da República, General António de Spínola, na Academia Militar, 6 de Julho de 1974)*, Ministério da Comunicação Social, Lisboa, 1974.

– *A Paz na África Portuguesa Alcançada na Justiça e na Liberdade (comunicação ao país pelo Presidente da República General António de Spínola, 27 de Julho de 1974)*, Ministério da Comunicação Social, Lisboa, 1974.

– *Descolonização e Democracia (comunicação do Presidente da República General António de Spínola, 10 de Setembro de 1974)*, Ministério da Comunicação Social, Lisboa, 1974.

– *Ao Serviço de Portugal*, Ática/Livraria Bertrand, Lisboa, 1976.

– *País sem Rumo: contributo para a História de uma Revolução*, Scire, Lisboa, 1978.

TELO, António José, *As Guerras de África e a mudança nos apoios internacionais de Portugal*, em Revista de História das Ideias, vol.16, 1994, pp. 347-369.

TILLY, Charles, *As revoluções europeias, 1492-1992*, Editorial Presença, Lisboa, 1996.

TORGAL, Luís Reis, *O Estado Novo. Fascismo, Salazarismo e Europa*, em TENGARRINHA, José (dir.), *História de Portugal*, UNESP, Portugal, Instituto Camões, 2000, pp. 313--339.

TORGAL, Luís Reis, e ANDRADE, Luís Oliveira (coord.), *Estudos do século XX: colonialismo, anticolonialismo e identidades nacionais*, CEIS20, Quarteto, Coimbra, 2002.

TORGAL, Luís Reis, *Estado Novo: "República Corporativa"*, em Revista de História das Ideias, vol. 27, FLUC, Coimbra, 2006.

– *Marcello Caetano antes do Marcelismo*, CEIS20, Coimbra, 2007.

– *Estados Novos, Estado Novo*, 2 volumes, Imprensa da Universidade de Coimbra, Coimbra, 2009.

TORNADA, Joana Matos, *Nas Vésperas da Democracia em Portugal*, Almedina, Coimbra, 2009.

WIARDA, Howard G., *Corporatism and Development: The Portuguese Experience*, Amherst: The University of Massachusetts Press, 1977.

VAÏSE, Maurice, *As relações internacionais desde 1945*, Edições 70, Lisboa, 2005.

VALENTE, Vasco Pulido, *Marcello Caetano: as desventuras da razão*, Lisboa, Gótica, 2003

DOCUMENTAÇÃO
(CENTRO DE DOCUMENTAÇÃO 25 DE ABRIL)

AGÊNCIA HSINGHUA; *Pelas regiões libertadas da Guiné: Bissau*. Pelos repórteres da Agência Hsinghua, Pequim, ed. em Línguas Estrangeiras, 1972.

AGÊNCIA HSINGHUA; *Pelas regiões libertadas da Guiné-Bissau*. Agência Hsinghua, [S.l.]. Comissão de Curso do 4º ano.

AMARAL, Diogo Freitas; *O Pensamento Político de Marcello Caetano*, em Independente, III 8-10, 17 de Setembro de 1993.

ANDRADE, Mário de; *A geração de Cabral*. Palestra feita na Escola Piloto em 8 de Fevereiro de 1973, pelo camarada Mário de Andrade, s.l., PAIGC, Inst. Amizade, 1973.

ANDREINI, Jean Claude; LAMBERT, Marie Claude; *La Guinée-Bissau: d'Amilcar Cabral à la reconstruction nationale*. Jean-Claude Andreini et Marie-Claude Lambert, Paris, Harmattan, 1978.

CABRAL, Amílcar; HOOPER, Janet Maclaughlin; MAURER, Robert; *Amilcar Cabral: a report to our friends*. Transcrição e edição de Janet Maclaughlin Hooper e Robert Maurer, s.l., J.M.H., R.M., s.d., 42p., verso das folhas em branco.

CABRAL, Amílcar, *Memorandum a l'intention dês Chefs d'Etat ou de Gouvernement d'Afrique*. 9ème Conférence de l'OUA, Rabat, 1972.
– *Alguns princípios do partido*, Lisboa, Seara Nova, 1974, 79 p.

– *Análise de alguns tipos de resistência*, 2ª ed., Lisboa, Seara Nova, 1975, 133 p., Colecção de Leste e Oeste.

– *Guiné-Bissau: nação africana forjada na luta*, Nova Aurora, Textos Amílcar Cabral, Lisboa, 1974.

– *Discurso do Camarada Secretário-geral na Reunião do Conselho de Segurança em Adis Abeba*, Serviços de Informação do PAIGC, Fevereiro de 1972.

– *Dix ans après le massacre de Pidjiguiti: rapport sur la situation de la lutte*, s.l., PAIGC, 1970, 25 p.

– *The eighth year of the armed stuggle for nacional liberation: report of the situation in the struggle*, s.l., s.n., 1971, 46 p. Contém uma lista incompleta de nomes de portugueses mortos, desertores e prisioneiros, p. 43-46.

– *A evolução da luta*, s.l., ed. do GADCG, 1975, 46 p.

– *Fruits of a struggle*, World Student, Nº 2, 1973, pp. 6-9.

– *La lutte en Guineé*, Revue Internationale du Socialisme, Milan, Ano 1, nº 4, 1964, pp. 439-453.

– *Les martyrs et victimes du colonialisme ne sont pas morts: ils ressuscitent chaque jour dans nous coeurs*, message radiodiffusé du Camarade Amilcar Cabral, Secrétaire Général du Parti, marquant le VI éme.

anniversaire du massacre de Pijiguiti, s.l., PAIGC, Départment de Secrétariat, Information, Culture et Formation de Cadres, 1965, 4 p. Discours et Interventions, Verso das folhas em branco.
- *Mensagem relatório do camarada Amílcar Cabral aos quadros, combatentes e militantes do Partido.*
- *Notre peuple, le gouvernement portugais et l'ONU*, s.l., Services d'Information du PAIGC, 1970, 10 p. . Este texto foi apresentado pela primeira vez em 1962, perante o Comité Especial da ONU.
- *Nous allons renforcer notre vigilance, pour démasquer et éliminer les agents de l'ennemi, [...]: du camarade Amilcar Cabral a tous les dirigeants et responsables du Parti*, s.l., PAIGC, 1972, 11 p.
- *Obras escolhidas: unidade e luta*, s.l., Seara Nova, 1976-1977, 2 vol.. Vol. I: *a arma da teoria*,1976. Vol. II: *a prática revolucionária*, 1977.
- *Portuguese aggression against the special mission of the United Nations*, s.l., PAIGC, 1972, 23 p. Verso das folhas em branco.
- *Report on the general situation of the struggle*, s.l., PAIGC, 1970, [62] p. Verso das folhas em branco. Comunicação apresentada à International Conference of Support To The Peoples of the Portuguese Colonies, Rome, June 27-29, 1970.
- *A resistência cultural: texto escrito, a partir de uma gravação da intervenção em crioulo no Seminário de Quadros do Partido, realizado de 19 a 24 de Novembro de 1969*, pelo camarada Amílcar Cabral, [s.l., Serviços de Informação do PAIGC, 1974, 13 p.
- *The struggle for liberation in Guinea (B) and Cape Verde: extract from the report made by Amilcar Cabral, Secretary General of the PAIGC, to the executive secretariat of the OSPAAAL*, s.l., PAIGC, 1966(?), 33 p.
- *Textos políticos*, s.l., PAIGC, s.d., 32 p. Colonialismo e Luta de Libertação dos Povos Africanos, 5.

- *Uma crise de conhecimento*, Departamento de Informação do PAIGC, 1961.
- *Situation de la lute du PAIGC en Janvier 1973 - Rapport à l'intention de l'OUA*, s.d.
- *Verkondig geen gemakkelijke overwinningen: over de bevrijdingsstrijd in Guinee-Bissau*, Amesterdão, Angola Comité, 1973, Krimese Biblioteek van Gennep.

CASCAIS, Fernando; *Guiné-Bissau: à procura do cessar fogo e da paz*, Flama, Revista Semanal de Actualidade, Lisboa, Ano31, n°1372 (1974), pp. 42-47.

CASTANHEIRA, José Pedro; *Quem mandou matar Amílcar Cabral?*, Lisboa, Relógio d'Água, 1995.
- *Ao serviço de Spínola e Marcelo*, Expresso, Revista, Lisboa, Nº 1299 (1998), pp. 54-58, 60-63.

CHAMPALIMAUD, António; SILVA, Diogo Marques da, *António Champalimaud: "nunca assisti a atitude que evidenciasse o valor de Spínola"*, depoimento, DMS, Visão, Lisboa, Nº 178 (1996), p. 27.

COMITE D'AFRIQUE DE FINLANDE; *M. Amilcar Cabral a visite la Finlande les 19-22 Octobre 1971*, rapport publie par organisation des Etudiants finlandais a l'ONU le Comité d'Afrique de Finlande, s.l., CAF, 1972, 24p.

COMITÉ DE SOUTIEN A L'ANGOLA ET AUX PEUPLES DES COLONIES PORTUGAISES; *Guinée "portugaise" et Iles du Cap-Vert: bilan d'une anée de lutte*, Paris, CSAPCP, 1963, 12 p.

COMITÉ NATIONAL DE SOUTIEN DE LA LUTTE DE LIBÉRATION DANS LES COLONIES PORTUGAISES; *Appel du Comité National de Soutien de la Lutte de Libération dans les Colonies Portugaises*, Paris, CNSLCP, 1970, 32 p.

COMO RESOLVER O PROBLEMA DO ULTRAMAR; *Como resolver o problema do ultramar: General Spínola*, Século Ilustrado, Lisboa, Nº1901 (15 Jun.1974), pp. 4-6.

CONGRESSO DO PAIGC, 3, Bissau, 1977; *Report of the supreme council of the struggle to the third Congress of PAIGC: Bissau, 15-20 November 1977*, Londres, Moz., Ang. Guiné Informat, Centre, 1978.

DACOSTA, Fernando, *As Primaveras de Marcello Caetano*, em Revista Visão, 14 de Maio de 1998, pp. 42-47.

ENTREVISTAS **(arquivo digital – website do C. D. 25 de Abril):**
- Adriano Moreira;
- Alpoim Calvão;
- André Gonçalves Pereira;
- Aniceto Afonso;
- Carlos Fabião (conduzida por Maria João Avillez);
- Carlos Fabião (conduzida por Fernando Rosas);
- Franco Nogueira;
- José Manuel de Mello;
- José Miguel Júdice;
- José Pacheco Pereira;
- Manuel Lucena;
- Manuel Monge;
- Melo Antunes;
- Nuno Teotónio Pereira;
- Vítor Cunha Rego.

GUINEA (BISSAU); *Guinea (Bissau): the struggle continues: Amilcar Cabral 1925-1973*, Durham, The Southern Africa Committee (South), 1973.

GUINÉE BISSAU; *Guinée Bissau: spécial*, Afrique Asie, Paris, nº214 (1980), pp. 45-58.

JÚNIOR, Redondo, *Documento O Ultramar em questão: General Spínola. Evolução do pensamento político*, Redondo Júnior, Século Ilustrado, Lisboa, Nº1897 (18 Mai.1974), pp. 31-36.

LETRIA, Joaquim; *Era uma vez uma Guiné-Bissau popular e democrática*, Visão, Lisboa, ISSN 0872/3540, nº287 (1998), pp. 56-60.

LIBÉRATION DES COLONIES PORTUGAISES; *Libération des colonies portugaises: Guinee et Cap-Vert*, Hydra, Information Concp, 1970.

MARECHAL ANTÓNIO DE SPÍNOLA UMA BIOGRAFIA PARA A HISTÓRIA, *Marechal António de Spínola uma biografia para a história*, Homem Magazine, Lisboa, Ano 5, nº 58 (1994), pp. 28-32.

MATEUS, Dalila Cabrita; *A luta pela independência: a formação das elites fundadoras da FRELIMO, MPLA e PAIGC*, Mem Martins, Inquérito, 1999, 299 p. , il.fotog.+ gráficos.

MONTEIRO, Renato; FARINHA, Luís; *Guerra colonial: fotobiografia*, Lisboa, Dom Quixote, 1990, 307 p.

MOVIMENTO DAS FORÇAS ARMADAS, *Programa do MFA*, s.l., s.n., 1974, 16p. , Espólio A25A.

MOVIMENTO DAS FORÇAS ARMADAS, *Programa do MFA*, Lisboa, Estado-Maior do Exército - Gabinete de Dinamização, 1975, 4p, (Documentos de Informação, nº 1). A primeira edição deste texto foi publicada na imprensa portuguesa logo após as operações militares do 25 de Abril de 1974.

NATIONS UNIES; *Mission en Guineé (Bissau)*, s.l., United Nations Office of Public Information, 1972, 14 p.

OS ANOS DA GUERRA **1961-1975**; *Os anos da guerra 1961-1975: os portugueses em África: crónica, ficção e história*, org. João de Melo, Lisboa, Dom Quixote, 1988, 2 volumes.

PAIGC; *PAIGC: chronological sequence of historical events*, s.l., s.n., 1977. Verso das folhas em branco.

PARA UM «DOSSIER» SOBRE OS MOVIMENTOS DE LIBERTAÇÃO AFRICANOS; *Para um «dossier» sobre os Movimentos de Libertação Africanos*, Flama, Revista Semanal de Actualidade, Lisboa.

PARTIDO AFRICANO DA INDEPENDÊNCIA DA GUINÉ E CABO VERDE; *Amilcar Cabral: l'homme et son oeuvre*, s.l., ed. des Services Culturels du C.S.L. (Idéologie), 1973, 12 p.
- *Discurso de encerramento [da] reunião do Conselho Superior de Luta (9 a 16 de Agosto de 1971)* / Amilcar Cabral, 1971, 12 p., 27 cm.

- *Manual político*, PAIGC, s.l., 1972, 87 p.
- *Programa do Partido*, s.l., Comissão de Organização, Formação Política e Ideológica, 1969, 13 p.
- *Programa do Partido*, s.l., s.n., s.d., 16 p. Verso das folhas em branco.
- *Portuguese aggression against the special mission of the United Nations* / by PAIGC Secretary-General Amilcar Cabral, s.l., s.n., 1972, 23 p.

PEREIRA, Aristides; *Mensagem do novo ano, do secretário-geral do Partido, camarada Aristides Pereira*, s.l., GADCG, 1974.

PEREIRA, Carlos Santos, *António de Spínola: um passo atrás do destino*, Vida Mundial, Lisboa, Nº15 (1999), pp. 28-38.

PIZARRO, Paulo, *A CIA em Portugal*, Focus, Lisboa, nº 320 (30/11 a 6/12/2005), pp. 116-122.

PORTUGAL. Estado Maior do Exército; *O caso da Guiné*, s.l., SPEME, 1969, 12 p. (Cadernos Militares, 5).

PRAÇA, Afonso; *O ano da morte dos majores: memória*, Visão, Lisboa, ISSN 0872/3540, nº114 (1995), pp. 38-40.

ULTRAMAR NA HORA DA INDEPENDÊNCIA, *Ultramar na hora da independência: Comunicado do Presidente da República ao país em 27 de Julho de 1974*, Século Ilustrado, Lisboa, Nº1908 (3 Ago.1974), pp. 11-14.

ÍNDICE

DEDICATÓRIA	5
AGRADECIMENTOS	7
PREFÁCIO	9
INTRODUÇÃO	11

I CAPÍTULO: NA SOMBRA DO PODER

    1.1. Ditadura, situação, salazarismo e Estado Novo   15
    1.2. Laços de colaboração política   22
    1.3. O regime: um feixe de instituições   26
    1.4. As crises, os arrufos e a clivagem política   33

II CAPÍTULO: DESCONTINUAR SALAZAR

    2.1. O risco sempre eminente da tirania   41
    2.2. Estado Novo: a solução mais conveniente   46
    2.3. Uma hora confusa: o regresso à supremacia militar   52
    2.4. A herança, o tempo e o modo   60

III CAPÍTULO: O SONHO COMANDA O DISCURSO

    3.1. Princípio do Contraditório: o(s) projecto(s) e o(s) discurso(s)   71
    3.2. A Questão Ultramarina: inquietação ontológica   82
    3.3. A hora é de acção: a emergência do spinolismo   92
    3.4. Renovação na Continuidade: o logos e a praxis   97

IV CAPÍTULO: QUANDO OUTRO VALOR MAIS ALTO SE ALEVANTA

    4.1. Pela Pátria negociar   107
    4.2. Por mares nunca dantes navegados: as Comunidades   114

4.3. Os militares, o regime, Portugal e o futuro 121
4.4. A hora sombria: um império de derrotas 127

CONCLUSÃO 137

BIBLIOGRAFIA E DOCUMENTAÇÃO IMPRESSA 137

DOCUMENTAÇÃO (CENTRO DE DOCUMENTAÇÃO 25 DE ABRIL) 145